KB125435

씨앗이
꽃을 피운다

씨앗이 꽃을 피운다

초판 1쇄 발행 2021년 11월 11일

지 은 이 이상배
발 행 인 권선복
편 집 한영미
디 자 인 김소영
전 자 책 오지영
마 케 팅 권보송
발 행 처 도서출판 행복에너지
출판등록 제315-2011-000035호
주 소 (157-010) 서울특별시 강서구 화곡로 232
전 화 0505-613-6133
팩 스 0303-0799-1560
홈페이지 www.happybook.or.kr
이 메 일 ksbdata@daum.net

값 17,000원

ISBN 979-11-5602-903-8 (03320)

이상배 지음

도서출판 행복에너지

Prologue

어릴 적 나는 얼른 커서 어른이 되고 싶었다.

자그만 키와 마음으로 바라본 어른들의 세상은 마음먹은 대로 무엇이든 되는 세상이었다.

잘못을 해도 야단맞지 않고, 사고 싶은 것을 허락받지 않고 살 수 있고, 어떤 일이든지 다 아는 만물박사에 해결사 같았기 때문이다.

그런데 내가 어른이 되어서 살아본 세상은 잘못을 하면 그 결과에 대한 막중한 책임을 져야 했고, 사고 싶은 것, 하고 싶은 것은 꾹꾹 참아야 할 때가 더 많았고, 해결되지 않는 일들이 더 많았다.

머리가 희끗해지면 세상의 이치를 다 깨달을 것 같았는데 아직도 그 오묘한 삶의 진리는 저 앞에서 나를 향해 찾아보라고 손짓하는 것 같으니, 앞으로도 많은 시간과 노력이 필요한 것 같다.

철없던 시절 어른에 대한 막연한 동경에서부터 나의 꿈은 시작되지 않았을까.

나는 항상 꿈을 크게 가지라고 이야기한다. 그래야 삶의 목표를 향해 나아가야 할 의욕이 생기고, 계획이 세워지고, 그것을 이루었을 때 느끼는 성취감 때문에 또 다른 도전을 하게 되는 것이니까.

요즘 젊은이들 사이에 금수저, 흙수저 논란이 많은 것으로 안다.

가끔은 좋은 배경을 타고나지 못해 아무것도 할 수 없을 것이라는 생각 때문에 도전을 체념하는 참 안타까운 일도 보았다.

조금만 생각을 바꾸면 자신이 태어나는 것은 선택의 여지가 없지만, 살아가는 인생은 자신이 원하는 대로 선택하고 도전하면서 살 수 있다는 것을 알 수 있지 않은가.

물론 그 삶의 여정이 쉽지 않음을 나는 안다.

세상에 공짜는 없다. 항상 그 대가를 치러야 하니까.

한 가지를 가지려면 다른 하나는 버려야 하는 것이 세상의 이치이다.

양손에 모두 가지려고 하니 세상살이가 더 힘들어지는 것이다.

금수저나 흙수저나 힘든 것은 마찬가지라고 본다.

한쪽은 쉽게 얻은 대신 지켜내기 위해 안간힘을 써야 하고, 한쪽은 얻기 위해 죽을힘을 다해 살아야 하기 때문에, 각자의 입장에서는 이 모두가 소리 없는 전쟁터인 셈이다.

전자든 후자든 자신에게 주어진 환경을 이겨내고 꿈을 이루었을 때 진정 멋진 인생인 것이다.

나는 계단을 오르듯 한 계단 한 계단 인생길을 오르며 정말 앞만 보고 열심히 살았다.

가진 것이 많지 않았던 내가 전 세계인에게 사랑받는 명품 앨범을 만들어 내고, 미래를 예측하고 새로운 도전을 계속하여 디지털디스플레이 액자를 만들 수 있었던 것은, 주어진 환경에 불평하거나 고개 젓는 대신 성실과 노력이란 이름으로 부족한 부분들을 채워 나갔기 때문이다.

또 하나, 아날로그에서 디지털로의 변신을 꾀하고 남들이 생각하지 못하는 미래산업에 과감히 도전할 수 있었던 것은 정말 혁신경영에 대한 강한 열망이 있었기 때문이다.

그 결과 성실과 노력의 씨가 희망의 꽃을 피워 성공의 열매를 얻을 수 있었다.

씨앗이 꽃을 피운다

하루 이틀 사흘
시간을 머금은 삶의 씨앗이
땀으로 영글어
희망의 꽃을 피운다

기억하자

오늘이라는 시간에
땀을 더하면
내일은 알알이 들어찬
행복한 꿈이 된다는 것을

하루도 헛되이 쓰지 않고 앞만 보고 달려왔지만, 어느 순간 주위를 돌아봐야겠다는 생각이 들었다.

내가 여기까지 올 수 있었던 건 나 혼자만의 힘이 아닌 수많은 사람들의 사랑이 있었기에 가능한 것임을 깨달았다.

그분들에게서 받은 사랑을 내 도움이 필요한 누군가에게 돌려줘야겠다는 생각에, 그때부터 나는 힘닿는 데까지 도움을 드리고자 다방면으로 많은 노력을 하고 있다.

지금 이 순간에도 코로나19로 소외되고 힘겨워하는 이들에게 희망의 씨앗을 심어드리는 일, 그것이 나의 의무이자 책임이라고 생각한다.

그리고 이 자리를 빌려 '이상배'라는 세 글자를 믿고 항상 응원하고 지지해 준 분들에게 감사함을 전한다.

이 책을 읽는 독자 여러분에게도 부탁하고 싶다.

세상이 아무리 변한다 해도 우리가 지켜야 할 것은 '기본'이라는 것을 잊지 말자. 이 기본을 지키고 자신의 꿈을 향해 나아갈 때 우리 모두 든든한 미래의 주인공이 될 수 있음을 꼭 기억하자.

여기에 한 가지 더, '나'만을 위한 것이 아닌 '우리' 모두를 배려하는 마음이야말로 더불어 살아가는 사회의 초석이 되어줄 것이다. '나'에 '너'가 더해져 '우리'라는 이름으로 함께할 때 기쁨은 두 배가 되고 고통은 절반이 될 것이다.

Brighten a future in your life!

Imagine a world-Dreams come true!

밝은 미래를 위한 마음!

꿈을 이룰 수 있는 세상!

㈜칸나의 경영 슬로건처럼 우리 모두 어려운 시기일수록 '밝은 미래를 위한 마음'으로 '꿈을 이룰 수 있는 세상'을 만들어 가기를 소망한다.

2021년 가을

이상배

Contents

PART 1

씨앗을 뿌리고 싹을 틔워서

PART 2

물을 주고 꽃을 피워서

PART 3

열매를 맺고 함께 나눈다

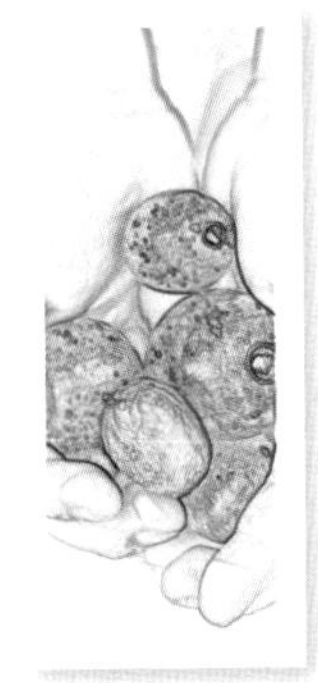

PART 1

씨앗을 뿌리고 싹을 틔워서

밤이 깊을수록

- 이상배

하늘밖에 보이지 않는
상주의 첩첩산중
농부의 아들로 태어나
십 킬로미터 거리의 학교를
뚜벅뚜벅 두 다리로 걸어 다녔어도
나는 절망하지 않았다네.

칠흑같이 까만 밤하늘에
반짝반짝 빛나던 별들이
내 마음을 어루만지고
열악한 상황에서도
꿈만큼은 놓지 않았던
나의 등을 밀어주었지.

무작정 서울로의 상경을
결심한 그 순간
내 손에 쥐어진 카드는 단 한 장,
남들보다 좀 더 빨리
남들보다 좀 더 많이
노력하고 또 노력하는 것.

노력에 끈기를 곱해
어제와 오늘을 발판으로 내일로 나아가니
이제야 깨닫는다네,
밤이 깊을수록
별은 더 빛나고 새벽은 더 가까워지듯
시련의 동의어가 실패는 아니었음을.

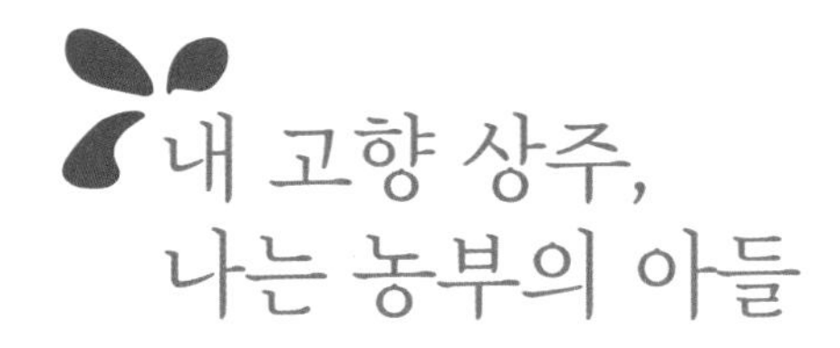

내 고향 상주, 나는 농부의 아들

"넓은 벌 동쪽 끝으로
옛이야기 지줄대는 실개천이 휘돌아 나가고,
얼룩빼기 황소가 해설피 금빛 게으른 울음을 우는 곳
그곳이 차마 꿈엔들 잊힐리야~~~"

나는 고향 생각이 날 때마다 저절로 이 노래를 흥얼거리곤 한다. 정지용 시인의 시 〈향수鄕愁〉를 노랫말로 한 곡이다. 나뿐만 아니라 시골 마을을 고향으로 둔 사람이라면 누구나 이 노래에 담긴 고향의 정취 때문에 가슴 한쪽이 저리고, 유년 시절을 보냈던 고향에 대한 그리움이 물밀듯이 몰려올 것이다.

고향의 사전적 의미는 태어나서 자라고 살아온 곳이다. 그러나 우리 민족에게 있어 고향이란 단순한 사전적 의미를 넘어선다. 1950년 6·25전쟁 이후 남북으로 분단되어, 현재 세계에서 마지막으로 남은 전 세계 유일의 분단국가이기 때문이다. 특히 오랜 기간 분단의 고통 속에서 정든 고향을 지척에 두고도 가지 못하는 실향민들에게는 고향이란 말 자체가 아픔이자 슬픔일 것이다. 그들에 비한다면 언제든 찾아갈 수 있는 내 고향 상주가 있다는 것만으로도 나는 축복받은 사람이리라.

나는 사계절 중 가장 더운 음력 7월 14일에 경상북도 상주시 함창읍 하갈리에서 3남 2녀 중 딱 중간인 셋째로 태어났다.

내가 태어난 1950년대 우리나라는 1인당 국민총소득이 67달러에 불과한 세계 최빈국 중 하나였다. 현재는 국민소득이 3만 달러가 넘어 당당하게 경제 강국으로 자리매김을 하였지만, 그 당시만 해도 어떻게든 전쟁의 폐허 속에서 다시 일어나기 위해 온 국민이 몸부림치던 시대였다. 식량과 생활필수품이 절대적으로 부족하여 미국을 비롯한 여러 나라의 원조를 받아야 했으며. '보릿고개'란 말이 있을 정도로 국민 대부분이 굶주림에 허덕이던 가난한 농업국이었다.

내 고향 상주는 삼백三白의 고장으로 유명하다. '삼백'이란 상주의 특산물인 쌀·누에·곶감이 흰색을 띠어서 붙여진 이름이다.

삼한시대부터 낙동강을 중심으로 농경문화가 발달해 온 상주는 산세가 수려하고 오곡이 풍성하여 예로부터 모두 농사에 의존하여 살아갔다. 내가 태어난 하갈리만 해도 마을 전부가 농사를 지었고, 나 역시 농부의 아들이었다.

초등학교 때 소 풀을 베러 다니던 상주의 산과 들과 강의 풍경들이 마치 어제 사진을 찍어놓은 듯이 내 기억 속에 선명하다. 여름이면 온통 초록빛으로 물든 논밭을 뛰어다니던 유년 시절의 내가 그곳에 있다.

때로는 얼굴에 숯검정을 묻힌 채 뭐가 그리 좋은지 친구들과 까르르 웃고 있고, 때로는 부모님께 혼이 났는지 눈물 콧물 흘리고 있는 까까머리의 내가 있다.

가난하게 살았든 풍족하게 살았든 그것과는 상관없이 세월이 흐르면 애틋함과 그리움이 공존하는 그곳, 그곳이 바로 나의 고향 상주이다.

우리 집은 할아버지 대만 해도 부농에 속했다. 그러나 아버지 대代로 내려오면서 조금씩 가세가 기울기 시작했다. 아버지는 당시만 해도 마을에서는 보기 힘든 고등학교를 졸업한 인텔리셨다. 지금 말하면 대학교나 마찬가지인 셈이다. 또한 출중한 외모에 언변도 능하셔서, 주변에 어려운 일이 생기면 당신 일처럼 생각하시고 앞장서서 해결해 주는 우리 마을의 해결사이자 스타셨다. 그런 아버지 덕분에 우리 형제들은 어디에 가서도 기죽지 않고 당당할 수 있었다.

다만 공부는 많이 하셨어도 돈 버는 일에는 관심이 없으셨다. 이 때문에 경제력 없는 아버지 대신 어머니가 대대로 내려온 토지를 지키고 가족을 부양하기 위하여 필사적으로 노력하셨다. 어머니의 그 눈물겨운 노력이 없었다면 우리 집은 훨씬 더 가난해지고 가족들도 힘든 시간을 보냈을 것이다.

매일매일 해가 뜨기도 전에 논으로 밭으로 나가시던 어머니의 뒷모습이 지금도 눈에 선하다. 그 가녀린 뒷모습이 어찌나 애처롭던지, 어린 마음에도 가슴이 참 아팠다. 그런 어머니를 봐왔기에 어릴 때부터 집안일을 많이 도와드렸던 것 같다. 조금이라도 힘이 되어드리기 위해서였다.

5남매 중 중간이었던 나는 형이나 동생에게 시킨 일도 내가 먼저 알아서 했다. 첫 번째는 부모님을 도와드리려는 마음이 컸기 때문이고, 두 번째는 내가 할 일을 남에게 미루지 않는 성격 때문이었다.

소에게 먹일 풀을 베고 아침마다 소죽을 끓이는 것이 내 초등학교 때부터의 일과 중 하나였다. 말 그대로 농부의 아들로서의 삶이 시작된 것이다.

유년 시절을 떠올릴 때면 아주 어릴 때 일이 기억난다.

제대로 걷지도 못할 때였는데, 하루는 엉금엉금 기어 다니다가 병아리를 몰고 다니는 어미 닭과 장닭에게 사정없이 쪼였다. 그렇게 어렸을 때였는데도 지금도 기억이 나니 신기한 일이다.

다행히 일하러 나가신 부모님 대신 할아버지가 보셔서 조치를 취해 주셨기에 망정이지, 할아버지마저 안 계셨다면 정말로 큰일이 났을 것이다. 잘못해서 눈이라도 쪼였으면 어찌 되었을지, 상상만 해도 아찔하다.

그러고 보면 어릴 때의 기억은 인생 전반에 걸쳐 영향을 미치는 것인가 보다. 특히 안 좋은 기억일수록 부정적인 이미지가 강하기 때문에 더욱 그렇다. 그때의 기억 때문인지 지금도 나는 닭을 좋아하지 않는다.

초등학교에 입학할 때까지만 해도 나는 무척 체격이 작고 약한 편이었다. 이 때문에 입학한 후 학교를 다니지 않고 한

해를 쉬게 되었고, 이듬해 다시 입학하여 초등학교에 다녔다. 그러나 작고 약하긴 했어도 나는 언제 어느 때든 전혀 주눅 들거나 기죽지 않았다. 타고난 기질 탓이기도 하고, 어릴 때부터 강단 하나만큼은 남들보다 셌기 때문이다.

사실 어릴 때일수록 키가 작거나 체격이 작은 아이들은 눈에 잘 띄지도 않고 대장 노릇을 하기 어렵다. 그런데 내 경우에는 희한하게도 친구들이 모두 내 말이라면 끔벅 죽었다. 아마도 어떤 일을 하자 하면 반드시 약속을 지키고, 솔선수범해서 궂은일들을 도맡아 했던 것이 친구들 마음에 깊이 각인되어서였던 것 같다.

이 덕분에 초등학교 때부터 친구들을 리드하는 자리에 설 수 있었고, 그 모습을 죽 지켜봐 온 6학년 담임선생님의 재량으로 전교 어린이회장에도 임명될 수 있었다. 단순히 공부를 잘해서만이 아니라 내가 친구들을 리드해 나가는 모습에 선생님께서 더 믿음을 가지셨기 때문이었으리라.

내가 다니던 초등학교는 이미 폐교가 되었지만, 콩나물시루 같은 교실에 앉아 목을 길게 빼고 선생님 말씀에 귀 기울이던 초등학생 시절의 추억은 봄날처럼 풋풋하기만 하다.

그 당시는 대부분이 대가족이었다. 5남매, 6남매는 보통이고 7남매, 8남매인 집도 있었다. 그러니 초등학교 한 반 인원도 60명이 넘는 경우가 많았다. 2020년 기준 학급당 학생 수가 20여 명에 불과한 요즘에는 상상할 수도 없는 일이리라. 때가 탄 나무 걸상에 옹기종기 모여 앉아 선생님의 풍금 소리에 맞춰 "나의 살던 고향은 꽃피는 산골~~~"을 목청 높여 부르던 교실 풍경이 무척 그립다.

교실 한가운데에는 솔방울을 때는 난로가 있었다. 지금처럼 기름이나 전기를 활용한 난방장치가 없던 시절이어서 가을만 되면 산으로 들로 장작용 땔감을 찾으러 다녔는데, 그중 가장 손쉽게 구할 수 있는 것이 솔방울이었다. 그 솔방울 난로 위에 수북이 쌓여 있던 양은 도시락과 김이 모락모락 나는 물 주전자의 추억까지, 따스한 햇살 한 자락처럼 마음을 촉촉이 적셔 준다.

지금 생각하면 무척 열악한 환경이었지만 그래도 그때는 선생님과 동네 어르신들을 공경하고 존중할 줄 아는 순수함이 있었다. 저 멀리 선생님이나 동네 어르신이 보이면 쪼르르 달려가서 90도로 인사를 드리곤 했다. 예전과는 달리 인사 잘하는 학생들을 찾아보기 힘들고, 선생님의 권위도 많이 떨어진 것 같아 아쉽기도 하지만, 그래도 가끔 엘리베이터를 탈 때 잘 모르는 학생이 "안녕하세요!" 하고 인사를 하면 그렇게 흐

못할 수가 없다.

“가시밭길은 무익한 것이 아니다. 고향에 돌아온 자는 고향에만 있었던 자와는 다르다.”

헤르만 헤세의 말이다. 나 역시 나이가 들수록 고향이란 단어의 울림 자체가 다르다. 시간의 힘이기도 하고 삶의 힘이기도 하다. 고향을 떠나 가시밭길을 걸어봤기에 더더욱 고향에 대한 소중함을 깨닫는 것이다. 고향이 소중한 것은 인생의 뿌리이기 때문이다. 뿌리가 튼튼해야 가지를 뻗을 수 있고 더 많은 열매를 맺을 수 있다.

내 인생의 뿌리, 내 고향 상주를, 농부의 아들인 내가 아끼고 사랑하는 이유이다.

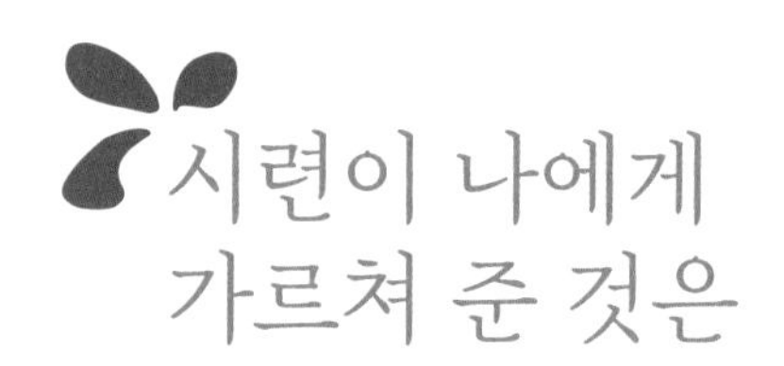

시련이 나에게 가르쳐 준 것은

초등학교 때 전교 어린이회장을 하면서 일찌감치 리더로서의 역할을 수행해 왔지만, 나는 사실 1등을 한 적이 별로 없다. 초등학교 입학하자마자 내가 우리 집 소 담당이 되어 공부할 시간이 많지 않았기 때문이다.

친구들은 삼삼오오 몰려다니며 신나게 놀고 있는데, 나는 소한테 먹일 풀을 베러 다니느라 동네 산이란 산과 들이란 들은 모두 찾아 헤매야 했다. 그때는 맘 편히 놀러 다니는 친구들이 얼마나 부러웠는지 모른다.

그러나 나에게는 우리 집 소를 책임져야 하는 막중한 임무가 있었다. 부모님 말씀을 거역할 수 없어서이기도 했지만, 일단 맡은 일은 완벽하게 해내야 한다는 책임감이 이미 그 무렵에 형성되어 있었던 것 같다.

그러나 체격도 작고 약했던 나한테는 소풀을 베는 일이 결코 만만한 일이 아니었다.

한번은 소풀을 베다가 크게 손을 베인 적이 있다. 하마터면 손가락이 날아갈 뻔했다. 지금도 집게손가락에 그 흉터가 선명하게 남아 있다.

가끔 손가락이 욱신거릴 때면 소풀을 베기 위해 산을 오르던 내 어린 모습이 오버랩된다. 한편으로는 짠하고 한편으로는 기특하다.

요즘 아이들처럼 아무 부족함 없이 살 수 있는 시대는 아니었지만, 그래도 부모님 말씀을 하늘처럼 알고 다소 억울해도 참아낼 줄 알던 어린 시절의 기특한 내가 거기 있다. 나뿐 아니라 그 시절을 시골 마을에서 보낸 사람들이라면 누구나 그랬을 것이다.

소에게 넉넉하게 먹일 풀을 베고 소죽을 끓이려면 하루가 짧았다. 그러니 공부를 하고 싶어도, 전교 1등을 하고 싶어도, 마음 놓고 공부에 집중할 시간이 없었다.

중학교에 들어가서도 소풀을 베고 소죽을 끓이는 내 생활은 계속되었다. 그 당시에는 친구들이 열 명 있으면 중학교에 들어간 친구는 두세 명밖에 없을 만큼 초등학교만 졸업한 친구들이 많았다. 진학할 수 있는 것만으로도 감사해야 할 일이었다.

내가 다닌 중학교는 읍내에 있었고 학교까지의 거리는 십 킬로미터였다. 삼 년 내내 비가 오면 걸어서 다녔고 날씨가 좋으면 자전거를 타고 다녔다. 비 오는 날은 자전거에 녹이 슬 수도 있어 날씨 좋은 날에만 자전거를 탔다. 말이 십 킬로미터이지 걸어서 가면 무척 먼 거리였다. 학교까지 가려면 평균 한 시간 반은 걸렸다.

그 무렵에는 도로가 대부분 비포장도로이다 보니 비가 많이 오면 온 땅이 질퍽질퍽해졌고, 가끔 다니던 미니버스(요즘으로 치면 마을버스 같은)도 운행을 중단했다. 물웅덩이에 빠져 오도 가도 못 했기 때문이다.

게다가 학교까지 가려면 엉기성기 엮어놓은 나무다리를 통해 강을 건너가야 했는데, 이 나무다리가 비가 많이 오면 확 쓸려 내려가서 그럴 때마다 다시 놓기를 반복하던 다리였다.

비는 쏟아지지, 나무다리는 미덥지 않지, 강물은 언제 넘칠지 모르지… 중학생이라곤 해도 아직 어린 나이인데 강을 건

널 때마다 얼마나 무서웠겠는가.

아니나 다를까, 몇 번은 나무다리를 건너다가 강물에 빠지기도 했다. 겨울철이면 학교까지 가는 동안 너무 추워서 온몸이 사시나무처럼 덜덜 떨렸고, 뼛속까지 시리다는 말이 무슨 뜻인지 그때 처음 알았다.

중학교에 다닐 때 특히 잊지 못할 기억들이 많은데, 그중 하나가 도시락과 관련된 것이었다. 다른 친구들도 그랬겠지만 내 도시락 반찬은 대부분 김치였다. 그때는 부잣집 친구가 싸 오는 달걀 프라이가 모든 아이들의 꿈이었다.

그렇다고 반찬 투정을 한 것이 아니다. 문제는 김칫국물이었다. 자전거를 탈 때면 특히 더했는데, 비포장도로이다 보니 자전거가 돌에 걸려 퉁퉁 튀면 가방 안에 들어 있던 도시락이 이리저리 흔들리게 마련이고, 그러다 보면 김칫국물이 다 흘러넘쳐서 모든 책에 배어들었다.

이런 경험을 해본 사람들이라면 말 안 해도 알겠지만, 김칫국물 자국은 잘 지워지지도 않고 냄새도 오래간다. 자전거로 등교할 때마다 피할 수 없는 일이었는데, 김치 냄새를 풍기며 교실로 들어설 때마다 누가 뭐라 하지 않아도 얼굴이 화끈거리곤 했다.

결국 나는 어느 날부터 도시락을 안 싸 갔다. 괜히 냄새가 날까 봐 친구들 눈치 보기도 싫었고, 배는 고플지언정 자존심만큼은 지키고 싶었기 때문이다.

한겨울에 달구지를 끌고 읍내까지 나가 안방에 놓을 장롱을 싣고 온 일도 잊을 수 없다.

그 무렵은 경운기가 막 나왔을 때였는데, 경운기에 싣게 되면 덜컹거려서 장롱이 쉽게 깨지기에 그 무거운 달구지를 끌고 산길을 지나 개울을 건너 십 킬로미터 거리의 읍내까지 간 것이다.

중학생이라고는 해도 체격도 작은 내가 어떻게 그 일을 하게 됐는지는 정확히 기억나지 않는다. 다만 형제 중 부모님 말씀을 제일 잘 듣는 나에게 차례가 돌아왔던 것 같다. 평소 나는 부모님께서 어떤 일을 시키든 불평하거나 싫다고 한 적이 거의 없었다.

달구지만 끌고 가기에도 힘에 겨운 길이었다. 게다가 읍내에 도착해서는 다시 그 커다란 장롱을 싣고 돌아와야 했으니, 지금 생각하면 어떻게 그 일을 해냈는지 모르겠다.

장롱을 싣고 집으로 가기 위해 다시 개울 건너 산길을 오르는데 바람은 어찌나 매섭고 춥기는 또 얼마나 춥던지, 나도 모

르게 흘린 눈물과 콧물이 그대로 얼어버릴 정도였다. 그래도 무사히 집에 도착하여 힘든 일을 해낸 나를 기특해하시는 부모님 얼굴을 본 순간, 고생이 보람으로 바뀌는 신비한 체험을 할 수 있었다.

또 한번은 정말이지 죽다가 살아난 일이 있었다. 그야말로 소설책에나 나올 법한 이야기이리라.

예전에는 농약을 살포하는 기계가 요즘처럼 좋지 않았다. 소리도 무척 컸는데 웽~ 소리가 나는 농약 통을 짊어지고 농약을 쳐야 했다. 그 무렵엔 농약을 치다가 돌아가신 어르신들도 꽤 많았다.

어른들도 그런 마당에 벼 높이보다 작은 내가 종일 농약을 쳐댔으니 어떻게 되었겠는가. 당연히 농약에 중독되어 쓰러질 수밖에.

그날이 일요일이었는데 이후 1주일 동안 학교도 못 가고 드러누웠다. 설사는 물론이고 머리가 깨질 듯 아프고 숨이 잘 안 쉬어지고 계속해서 토하기만 했다. 그런데도 읍내에 있는 병원에는 가지 못했다. 시골 마을에서 다들 그러듯 부모님께서도 이러다 낫겠지 하셨던 것 같다.

대신 할아버지께서 수박 한 덩이를 사 오셔서는 수박을 먹으면 소변으로 다 나올 테니 내게 어서 먹으라 하셨다. 그러나 나는 물 한 모금 넘기기도 힘들었던 상태라 수박에는 손도 댈 수 없었다.

지금 생각하면 병원도 가지 않은 건 말도 안 되는 일이었지만, 그때는 그런 시대였고 그런 시절이었다. 그나마 천만다행으로 내가 어렸기 때문에 면역력이 좋아 살아난 것 같다. 그렇지만 지금도 가끔은 죽을 것같이 아파하는 자식을 지켜봐야 하는 어머니의 마음을 이해하면서도, 또 한편으로는 서러움이 올라오기도 한다.

또 한 가지 기억에 남는 게 교복이다. 나는 중학교 3년 동안 교복 한 벌 갖고 버텼다. 지금까지도 잊어버리지 않는 당시 교복 메이커가 있다. '엘리트'이다. 친구들은 중학교에 들어갔다고 엘리트를 좍좍 맞춰서 입고 다니는데 나는 그것이 너무 부러웠다. 부모님께 맞춰달라고 떼를 써도 형제가 많은 우리 집에서 나만 교복을 맞춰 입을 수는 없었다.

교복을 오래 입다 보면 해지기 마련이다. 더군다나 나는 자전거를 탔기 때문에 특히 엉덩이 부분이 해지기 일쑤였다. 어쩌겠는가, 이가 없으면 잇몸으로라도 살아야지. 해진 옷을 입고 다닐 수는 없어서 내가 재봉틀을 배워 직접 누벼서 입고 다녔다.

졸업식 날이었다. 하필이면 엉덩이 부분이 또 해져서 누벼야 했는데, 더 이상 바늘을 박을 데가 없었다. 할 수 없이 상의는 교복을 입고 하의만 사복을 입고 학교에 갔다. 그냥 넘어갈 수도 있었을 터인데 운이 없게도 담임선생님과 딱 마주쳤다.

"아니, 너! 아직 졸업도 안 했는데 왜 사복을 입고 왔어?"

호통을 치는 선생님 서슬에 놀라서 나는 본의 아니게 거짓말을 했다.

"죄송합니다, 선생님. 어머니께서 교복을 빠시는 바람에 바지가 아직 마르지 않아 할 수 없이 사복을 입고 왔어요."

내 말이 채 끝나기도 전에 귀싸대기가 날아왔다. 족히 대여섯 대는 맞은 듯하다. 자존심 때문에 바지가 해져 못 입고 왔다고는 차마 말할 수 없어 둘러댄 것인데, 선생님이 이런 사정을 알 리 만무했다. 선생님한테 맞는 순간, 뺨이 아픈 것보다 마음이 더 아팠다. 이때의 일을 생각하면 지금도 가슴이 아리다.

그러나 시간이 지나고 나니 오히려 이 무렵의 시련들이 내 인생에 있어서 축복이었다는 생각이 든다.

《역경》에 "좋은 쇠는 뜨거운 화로에서 백 번 단련된 다음에 나오는 법이며, 매화는 추운 고통을 겪은 다음에 맑은 향기를 발하는 법이다(정금백련출홍노 매경한고발청향(精金百鍊出紅爐 梅經寒苦發淸香))."라는 글귀가 있다.

말 그대로 나 역시 뜨거운 화로와 추운 고통 속에서도 단 한 가지, 내일에 대한 꿈과 희망만큼은 버리지 않았다.

내 유년 시절과 청소년 시절은 그러므로 차근차근 좋은 쇠가 되기 위해, 맑은 향기가 나는 매화를 피우기 위해, 고난을 발판 삼아 나아갔던 시절이라고 지금도 나는 믿는다. 이것이야말로 시련이 나에게 가르쳐 준 최고의 교훈이었다.

상배, 쟈는 마이산 바윗덩어리에 올려놔도 먹고살 애야!

"인생은 될 대로 되는 것이 아니라,
생각대로 되는 것이다.
자신이 어떤 마음을 먹느냐에 따라
모든 것이 결정된다.
사람은 생각하는 대로 산다.
생각하지 않고 살아가면
살아가는 대로 생각한다."

- 조엘 오스틴 《긍정의 힘》 중에서

나는 인생이란 수많은 굽이굽이로 이루어져 있다고 생각한다. 한 굽이 넘을 때마다 내가 남긴 발자국이 새 길이 될 수도 있고 헌 길이 될 수도 있다.

헌 길이 아닌 누군가에게 이정표가 될 새 길을 만들기 위해서는, 한 굽이 한 굽이 넘을 때마다 자신만의 신념을 담아 온 힘을 다해 꾹꾹 눌러 밟고 가야 한다. 그래야 뒤돌아보았을 때 후회가 없다.

내 인생의 한 굽이를 넘어가자 또 다른 시련이 기다리고 있었다. 고등학교 진학이 불투명해진 것이다.

물론 우리 마을에는 초등학교만 졸업한 친구도 많았고, 중학교를 졸업하고 고등학교에 간 친구들은 전체 학년에서 3분의 1도 되지 않았다. 그러나 나는 진학하여 공부를 더 하고 싶었다. 어린 나이였어도 막연하게나마 더 큰 세상으로 나가기 위해서는 공부를 더 하는 것이 최선이라고 생각했기 때문이다.

그러나 부모님은 완강하셨다. 공부 더 해 봤자 농사를 더 잘 짓는 것도 아니라시면서, 농사꾼은 농사를 잘 짓는 것이 최고라 하셨다. 특히 어머니는, 많이 배우셨어도 경제활동을 하지 않는 아버지 때문에 더 반대하셨다. 우리 집뿐 아니라 당시 농촌에서는 당연한 얘기였다.

중학교를 졸업했으니 이젠 나도 어엿한 어른 한 몫은 할 수 있었다. 당장 일손이 늘면 부모님도 편해질 것이었다. 그러니 내 생각만 고집할 수가 없었다. 바라던 대로 진학을 하진 못했지만 꿈은 잠시 접어두고 부모님 말씀에 따르기로 마음먹었다.

이 당시 가슴 깊숙이 맺혔던 공부에 대한 한은 이후 나를 더 성장시켰다.

남들보다 늦은 나이임에도 일과 학업을 병행한 끝에 명지대학교 경영학과에 입학하였고, 단국대 경영대학원에서 자산관리 최고경영자과정을 서울대학교에서는 문헌지식정보 최고위과정을 이수하여, 현재 서울대학교 총동창회 이사까지 맡게 되는 데 결정적인 역할을 한 것이다.

나는 하고 싶었던 공부를 미루고 농사를 짓는 대신 부모님에게 한 가지 단서를 달았다. 우리 집에 농기계부터 들여놓으라고. 그러면 농사를 짓겠다고 말이다.

어린 소견에도 지금처럼 기계의 도움 없이 사람이 다 하는 것은 희망이 없어 보였다. 부모님은 내가 당신들 말씀을 따라주는 것이 기특하셨는지, 두말없이 경운기를 사주셨다.

농사를 짓기로 결단을 내리고 나니 오히려 마음이 편해졌다. 정작 농사일을 시작해서는 무척이나 열심히 했다. 남들보다 두 배 세 배 일했다. 어떤 일이든 일단 시작하면 끝을 보는 성격과 농사를 짓기 시작한 이상 전보다 소득을 높여야겠다는 구체적 목적 덕분이었다.

그전까지는 호롱불을 쓰다가 전기 라이트가 들어오는 경운기가 생겼으니 세상천지가 달라 보일 수밖에. 라이트를 켜놓으면 밤에도 일할 수 있기 때문에 생산성도 향상되었다. 수확이 눈에 띌 정도로 늘어나니 자연스럽게 신바람이 났고 그러니 더더욱 밤낮 가리지 않고 농사를 열심히 지을 수 있었다.

그때 내가 얼마나 열심히 농사를 지었느냐면 우리 집 농사뿐 아니라 남의 집 농사까지 상당히 많은 양의 농사를 지을 정도였다. 당시는 탈곡해서 열 가마니가 나오면 한 가마니는 탈곡 값으로 주는 것이 상례였다. 그러니 다른 집 탈곡도 내가 도맡아서 했고, 덕분에 예년 우리 집 농사 소득보다 훨씬 더 많은 소득을 올리게 되었다.

중학교 졸업하고 2년 동안을 그렇게 열심히 농사를 지으며 보냈다. 그때부터 동네 어르신들이 나만 보면 하는 얘기가 있었다.

"상배 쟈는 저 마이산 바윗덩어리에 올려놔도 먹고살 애야!"

마이산馬二山은 우리 동네에서 가장 높고 험한 산이다. 두 마리 말의 형상이어서 붙여진 이름인데, 산짐승들도 나타나서

함부로 올라갈 수도 없고 꼭대기에는 바위가 많아 무척 험준한 산이었다.

동네 어르신들은 그렇게 높고 험한 산의 바윗덩어리에 올려놔도 먹고살 만큼 강인한 내 생활력을 빗대신 것이고, 어린 나이에도 농사를 남들보다 몇 배 더 열심히 짓는 내 모습을 지켜보시며 느끼신 그대로 말씀한 것이리라.

나는 남들이 하지 않거나 하지 못하는 일을 해냈을 때 느끼는 성취감이야말로 인생에서 무척 소중한 것이라고 생각한다.

그런 성취감들을 인생을 살아가는 동안 차곡차곡 쌓아놓았기에 험난한 현실 속에서도 주저앉지 않을 수 있었고, 오늘의 내가 존재할 수 있는 것이다. 그렇다, 인생이란 정말 자신이 어떤 마음을 먹느냐에 따라 백팔십도 달라질 수 있다.

지금까지 사업을 해오면서 내가 마음속으로 가지고 있는 생각 또한 이것과 맥을 같이한다.

"누구나 다 할 수 있는 일은 중요하지 않다. 누구나 다 할 수 없는 일이 중요한 일이다."

이것이 어릴 때부터 온몸으로 체감하여 터득한 나의 지론이다.

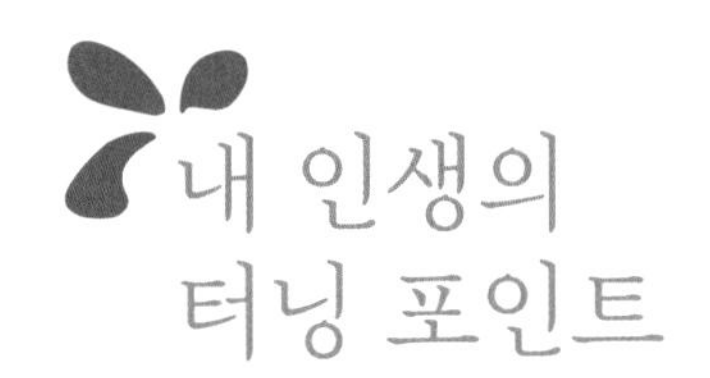

내 인생의 터닝 포인트

결정하기까지는 힘들어도 한번 결정하면 더 뒤돌아보지 않고 앞만 보고 달리는 내 성격도 이 시절부터 굳어진 듯하다. 불평한다고 해서 현실은 바뀌지 않는다.

불평하면서 아무것도 안 하는 것보다는 주어진 환경에서 내가 할 수 있는 최선을 다하는 것이 더 중요하다. 이런 생각들이 힘들었던 시절에도 나를 지탱해 주는 토대가 되었다.

그러나 농사일만은 예외였다. 종일 허리도 못 펴고 그렇게 열심히 일한 것에 비해 소득은 보잘것없었다. 2년 동안 하루도 쉬지 않고 농사를 지었는데도 다른 친구들처럼 읍내 나가서 옷 한 벌 맞춰 입을 수 없는 현실에 화가 났다.

이때부터였다. 노력에 비해 대가가 너무 적은 농사꾼의 삶에 대해 본질적인 회의가 들었다. 농사만으로는 삶의 질이 바뀔 수 없음을 깨달은 것이다. 농촌에서 지금처럼 일만 해서는 내 미래 또한 바뀔 것이 없다는 생각이었다.

한번 이런 생각을 하게 되니 하루라도 빨리 도회지로 나가고 싶었다. 그때 생각으로는 더 넓은 세계로 나가, 농사를 지었던 것만큼 열심히 일한다면, 얼마든지 더 좋은 기회를 잡고 더 잘살 수 있을 것 같았다.

하루하루 지날수록 결심이 굳어졌다. 마침내 마음을 다져 먹고 부모님에게 농사는 그만 짓고 도회지로 나가겠다고 말씀드렸다.

예상했던 대로 부모님은 펄쩍 뛰셨다.

"상배야, 너는 농사지어서 먹고살 능력이 충분히 되는데 대체 무슨 소리냐? 네가 원하는 대로 경운기도 사주지 않았냐. 너는 누구보다 부지런하고 성실하니 지금처럼 농사를 열심히 짓고 살면 분명 성공할 거야. 그러니 딴생각은 하지 마라."

예상은 했어도 부모님 태도가 너무나 완강하여 오히려 오기가 생겼다. 내 얘기는 아예 들으려고도 안 하셨기 때문이다.

더 이상 설득할 수도 없는 상황이어서 이때 나는, 내 인생을 송두리째 바꿔줄 중대한 결심을 하였다.

그러고는 곧바로 실행으로 옮겼다. 자전거에 말려놓은 고추를 한가득 싣고 읍내인 점촌으로 도망을 친 것이다.

학교 다니느라 매일 다녔던 길을 이번에는 고추를 가득 싣고 달려가다 보니 여러 생각이 오갔다.

'이 길도 오늘로 마지막이네.'

가슴 한쪽이 먹먹해졌다. 비가 오면 자전거도 못 타고 질퍽질퍽한 산길을 뛰듯이 올라갔던 일 하며, 나무다리를 건너다가 불어난 강물에 휩쓸렸던 일 하며, 그간의 온갖 일들이 파노라마처럼 떠올라서 이를 악물고 페달을 더 세게 밟았다.

'내게는 더 이상 다른 선택이 없어. 난 절대 후회하지 않아. 오늘의 일이 나중에는 분명 잘한 선택이었다고 생각하게 만들고 말 거야.'

마침내 길다면 길고 짧다면 짧은 길을 지나 점촌에 도착하였다. 도착하자마자 서둘러서 싣고 온 고추와 자전거를 모두 팔아치웠다. 그때 내 손에 쥐어진 것은 달랑 몇천 원뿐이었다. 액수가 너무 적다고 실랑이를 할 새도 없이 나는 읍내 버스터미널로 향했고, 아무에게도 들키지 않기 위해 재빨리 서울 마장동행 버스에 올라탔다.

얼마 안 가 천천히 버스가 움직이면서 점촌 시내에서 멀어져 갔다. 그제야 긴장이 풀렸는지 온몸에 맥이 다 빠졌다. 전혀 가보지 않은 길에 대한 두려움 반 설렘 반으로, 앞으로 닥쳐올 미래에 대해 모든 촉각을 곤두세우고 있었던 것이다.

'다 잘될 거야. 걱정하지 마. 이제부터는 누구에게도 기대지 말고 스스로 헤쳐나가야 해. 열심히 지금보다 더 열심히 살자. 하늘도 스스로 돕는 자를 돕는다고 했잖아. 넌 잘할 수 있어. 너 자신을 믿어!'

마장동에 도착할 때까지 다짐하고 또 다짐하며 스스로를 다독였다. 그러자 그동안 굽이굽이 돌아온 길들이 마장동까지 죽 뻗어 나간 느낌이었다. 그 길 끝에 무엇이 기다리고 있을지 두렵긴 했지만 절대 지지는 않으리라. 〈바람과 함께 사라지다〉의 저 유명한 대사처럼 내일은 내일의 태양이 뜰 것이니.

나는 지금도 목표를 높이지 않고 그저 평균 이상만 목표로 하면 그것밖에 얻지 못한다고 생각한다.

스타벅스의 회장인 하우드 슐츠도 "위대한 기업을 세우고자 한다면 위대한 꿈을 가질 용기가 있어야 한다. 작은 꿈을 꾼다면 어떤 작은 것을 이루는 데는 성공할 것이다. 손만 뻗으면 잡을 수 있는 꿈이 무슨 가치가 있겠는가? 나는 작은 꿈 대신 큰 꿈을 꾸었다."라고 말한 바 있다.

나도 그렇다. 너무 쉬운 목표로는 가슴이 뜨거워지지도 않고 달성하고야 말겠다는 의욕도 생기지 않는다. 과거 익숙했던 방식만 고집하게 되면 개선도 이루어지지 않는다.

불가능에 가까울 만큼 높은 목표를 설정하고 포기하지 않고 철저하게 끊임없이 도전하는 것, 그 결과 성취와 진보의 기쁨을 맛볼 수 있는 것, 그것이 인간에게 주어진 축복이라고 생각한다.

세상이 나를 행복하게 만들어 주지 않는다면 내가 세상을 행복하게 만들면 된다. 어린 나이였어도 그것 하나만은 분명하게 알고 있었다.

그리고 내가 누구던가? 동네 어르신들이 마이산 바윗덩어리에 올려놔도 먹고살 것이라고 입을 모았던 사람 아닌가. 그러니 걱정할 것 없다. 스스로를 믿고 나아가면 된다. 그것만으로도 충분하다.

이 무렵 수첩에 내 마음을 다잡기 위해 써 놓았던 시 한 편을 소개한다.

한 톨의 밀알

세상이란 밭에
용기를 내어
한 톨의 밀알을 심어봐,

그 작은 밀알 속에
너만의 열정과 끈기
용기와 사랑을 담아서.

그러다 간혹
지치고 힘들 때마다
꺼내어 확인해 보는 거야,

밀알 속에 꾹꾹 눌러 담긴
너의 진심을
너만의 신념을.

그러면 언젠가는 말이지,

너의 그 작은 밀알이
싹을 틔우고 꽃을 피워서

세상 한 귀퉁이에서
흐뭇한 미소 짓고 있는
너와 만나게 될 거야.

혁신경영을 위한 세계적 리더들의 조언

· 항상 갈망하라, 언제나 우직하게!
· 혁신은 리더와 그렇지 않은 사람들을 구분하는 기준이다.
· 상품이 아닌 진짜 꿈을 팔아라.
· 관계를 형성해라.
· 메시지 전달에 능숙해져라.

– **스티브 잡스**의 어록

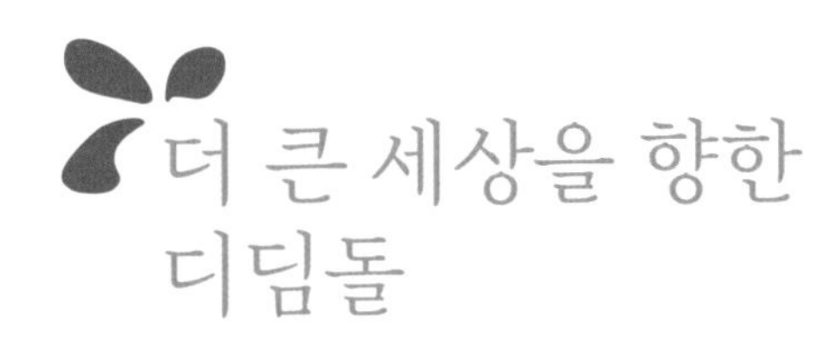

더 큰 세상을 향한 디딤돌

"당신은 정말로 성공하고 싶은가?
성공할 자격이 있다고 생각하는가?
성공할 수 있다고 믿는가?
이 3가지 질문 모두에 '예'라고 대답할 수 없다면
성공할 가망성은 0이다.
성공하지 못하는 가장 큰 이유는
자신감 결여와 자기 불신이다."

- 존 맥그레이스

점촌에서 마장동까지 오는 데는 장장 14시간이 넘게 걸렸다. 당시는 대부분이 비포장도로였고, 버스에는 안내양과 조수가 있었다. 그러다 보니 오는 동안 펑크도 서너 번씩 나서 가다 쉬다를 반복할 수밖에 없었다. 가는 내내 덜커덕거리는 버스에 오래 앉아 있으려니 가슴이 답답하고 몸이 비비 꼬였다.

그렇게 얼마나 됐을까? 버스가 마장동 터미널로 들어서는 순간, 또 다른 세상이 눈앞에 펼쳐졌다. 태어나서 생전 처음으로 밟아보는 서울 땅이었다. 주머니에 들어 있는 내 전 재산인 몇천 원을 꽉 움켜쥐고 심호흡을 하면서 버스에서 내렸다.

그러나 신세계에 대한 설렘도 잠시, 그때의 마장동은 서울의 번화가를 꿈꾸었던 내 예상과는 크게 달랐다. 외려 점촌 읍내보다도 못한 느낌이었다. 그때만 해도 마장동은 도살장이 즐비했고 청계천은 온갖 쓰레기가 모여 있는 시궁창과 다를 바 없었으며 곳곳에서 넝마주이들이 천막을 치고 생활하고 있었다. 하긴 그때는 청계천 변에 우리나라에서 제일 컸던 삼일빌딩만 우두커니 서 있을 뿐이었다.

아무 계획도 없이 무작정 상경한 터라 처음에는 자신만만하던 나도 어찌할 바를 몰랐다. 마침 지나가던 넝마주이가 나를 보고는 같이 가자고 해서 그를 따라갔다. 처음에는 그가 뭘 하는 사람인지도 몰랐다. 나중에서야 쓰레기통을 뒤져 헌 종이나 빈 병 따위를 줍고 사는 넝마주이임을 알고는 그 길로 도망쳐 나왔다.

하룻밤 잘 데도 없었던 나는 할 수 없이 결혼해서 서울에서 살고 있는 누나네 집으로 향했다. 서울이 초행길이라 물어물어 누나네 집까지 가려니 헤맬 수밖에 없었고 시간도 무척 오래 걸렸던 기억이 난다.

당시 매형은 마포에서 양면 괘지 등을 만드는 회사를 운영하고 있었다. 취직할 데가 없었던 나로서는 매형에게 부탁하는 것만이 살길이었다. 그 회사가 서울에서의 내 첫 직장이었다.

지금까지 그래왔듯이 나는 취직해서도 열심히 일했다. 남들보다 가진 것 없는 내가 버티려면 남들과 같아서는 안 된다. 남들보다 2배 3배 더 열심히 일해야 했다.

그러나 처음에는 월급을 제대로 받지 못했다. 내 생사를 확인한 부모님이 올라오셔서 매형에게 "쟈는 지금 월급 안 줘도 된다. 그 돈 모았다가 결혼할 때 한꺼번에 줘라."라고 했던 것이다.

열심히 일해도 손에 쥐는 돈이 없으니 의욕도 자연히 떨어졌다.

이때부터 월급쟁이에 대한 회의가 들었다. 그 무렵에는 어차하면 망하는 회사들도 꽤 많아서 일만 하고 월급은 떼먹히는 것이 다반사였다. 그럴 때는 어디 가서 호소할 데도 없고 고스란히 당할 수밖에 없었다.

그리고 무엇보다 미래에 대한 비전이 없어 보였다. 승진만 바라보며 평생을 회사원으로 사는 것은 내 적성에 안 맞았다. 그보다는 내 장사를 시작해서 내가 직접 사장이 되어 차근차근 규모를 키워나가는 것이 훨씬 비전 있어 보였다.

장사라는 확실한 목표가 생기자 마음가짐도 달라지고 행동도 따라서 달라졌다. 매형 회사를 그만두고 꽤 이름 있는 문구용품 제조회사로 입사했다.

면접 볼 때부터 나는 사장님께 당당하게 말했다.

"첫 달 월급은 안 주셔도 됩니다. 직책도 필요 없습니다. 한 달 동안 제가 일하는 것을 지켜보신 후 그에 맞는 월급과 직책을 정해 주십시오."

그만큼 열심히 할 자신이 있었고, 내게는 매형 회사에서 고생하면서 익힌 기술과 노하우가 있었다.

당시 묵고 있던 형네 집에서 회사까지는 두 시간 반이 걸렸다. 그 시간조차 아까워서 나는 일주일에 한 번은 꼭 공장 안에 있는 기숙사에서 묵으며, 새벽 두세 시까지 기계 장비들을 손보았다. 그 결과 내가 가지고 있는 기술적 노하우를 바탕으로 한 달 만에 공장 레이아웃을 바꾸고 생산성을 30%가량 향상시킬 수 있었다.

그렇지 않아도 성실하게 일하는 내 모습에 감동한 사장님은, 나로 인해 공장의 생산성까지 좋아지니 당연히 파격적 대우를 해주셨다. 입사 한 달 만에 과장 직급과 대기업 회사원 월급을 받게 된 것이다.

무엇보다 면접 때 내가 한 말이 그냥 빈말이 아니었음을 입증하게 되어 무척 기뻤고, 그런 나를 죽 지켜보시고 인정해 주신 사장님께도 무척 감사했다.

그 후 1년도 채 안 돼 내게 부장 직급을 주셨는데 그때는 내가 고사했다. 직급보다 더 중요한 것이 있다고 생각해서였다. 바로 팀워크였다. 고속승진을 하게 되면 어쩔 수 없이 질투와 시기가 뒤따르게 되고 조직과의 트러블을 피할 수 없기 때문이다.

한편 이 회사를 다니는 동안에도 나는 악착같이 절약하여 종잣돈을 모아 나갔다. 차곡차곡 돈이 모이는 것이 눈에 보이니 못 먹고 못 입는 것쯤은 아무렇지도 않았다. 농사를 그렇게 열심히 지었어도 돈 한 푼 갖지 못했던 그 시절에 비한다면 천국이 따로 없었다.

목표한 대로 돈이 모이자 나는 미련 없이 회사를 그만두었다. 죽이 되든 밥이 되든 하루빨리 내 장사를 시작하고 싶었기 때문이다.

내 능력을 높이 산 사장님이 나를 붙잡기 위해 직접 집까지 찾아오셨지만 내 결심은 흔들리지 않았다. 대신 나는 포장마차에서 술 한 잔을 나누며 사장님께 딱 1년만 도와 달라는 부탁을 드렸다.

"사장님, 그동안 저를 믿고 인정해 주셔서 정말 감사했습니다. 그러나 저는 이미 장사를 하기로 결심하였고, 그 결심은 바뀌지 않을 것입니다."

"섭섭하지만 자네 생각이 확고하다면 더 이상 붙잡을 수는 없지…. 지금 자네한테 가장 필요한 게 무언가?"

사장님의 서운해하는 표정과 그럼에도 불구하고 내게 도움을 주고 싶어 하시는 마음이 고스란히 전해져 왈칵 눈물이 났다.

"봉고차를 사서 문구용품을 팔 생각입니다. 염치없는 부탁이지만 지금까지처럼 저를 믿으시고 물건을 대주실 수 없을는지요. 물건을 다 파는 대로 외상값은 바로 갚겠습니다."

"알겠네. 물건은 얼마든지 주겠네. 돈 있을 때 갚으면 되니 걱정하지 말게."

나를 믿어주는 사장님의 이 말씀 한마디가 내게 얼마나 큰 힘이 되고 용기를 주었는지 모른다. 지금까지 열심히 일한 것이 결코 헛된 것이 아니었다. 지금보다 더 열심히 일해 나를 믿어준 사장님께 꼭 보답해야겠다는 생각이 들었다.

한참 시간이 흘러 내가 칸나를 인수한 후 사장님께서 아드님과 함께 우리 회사를 찾아오신 적이 있다. 그러고는 아드님께 "우리 이상배 사장은 미래에 더 큰 일을 할 수 있는 사람이다."라시며 덕담을 아끼지 않으셨다. 나도 그때 경영에 도움이 될 만한 이야기들을 아드님에게 해주었던 기억이 난다. 나를 인정해 주시고 끝까지 신뢰해 주신 사장님을 나는 지금도 존경한다.

나는 당시 정말로 성공하고 싶었고, 노력하는 한 성공할 자격이 있다고 생각하였고, 성실함으로써 성공할 수 있다고 믿었다. 말머리에 밝힌 세 가지 질문에 모두 "YES!"였다.

내가 더 큰 세상으로 나아가는 첫 번째 디딤돌은 봉고차였다.

1978년에 처음 나온 봉고차를 한 대 사서 전국 팔도를 도는 문구용품 행상을 시작한 것이다. 당시만 해도 차 한 대 사는 것이 보통 어려운 일이 아니었다. 그만큼 차가 귀했는데 특히 봉고차 인기는 하늘을 찔러서 사려면 1년을 기다릴 정도였다.

그 당시에는 차를 구입하려면 재산세를 납부한 보증인이 필요했다. 그 보증을 사돈어른께서 흔쾌히 서 주셨고 지금도 감사함을 잊을 수가 없다.

내 나이 스물다섯 살 때였다. 이후로는 매일같이 새벽 5시에 나와 밤 12시에 들어가는 생활이 반복되었다. 자는 시간도 아까울 만큼 말 그대로 몸이 부서져라, 열심히 일했다.

외상으로 받았던 회사 물건도 3개월 만에 다 팔 수 있었다. 무엇보다 나를 믿어준 사장님의 기대에 부응할 수 있어 감사했다.

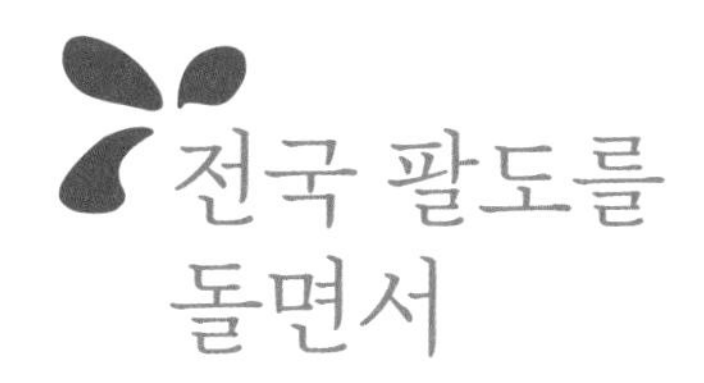

전국 팔도를 돌면서

마침내 목표로 했던 내 장사를 시작하게 되고 봉고차 한 대로 전국을 돌면서도 많은 과정이 있었다. 내비게이션도 없는 시절이었기에 오로지 지도책 하나에만 의존하여 전국을 찾아다녔다. 그때 하도 읽어서 닳고 해져 갈아 치운 지도책만 해도 꽤 된다.

그러고 보면 삶에 있어서 저절로 되는 것은 하나도 없다. 시련을 겪고 그 시련에 지지 않기 위해 그보다 몇 배의 노력을 기울일 때 비로소 스스로 목적한 바를 이룰 수 있는 것이다. 이것이야말로 세상의 순리이자 삶의 이치인데 많은 사람들이 이 명확한 것을 자꾸 잊는 것 같아 안타깝다.

나는 적어도 시련에 굴복하진 않았다. 그래서 내 사전에는 실패라는 단어가 없다. 성공할 때까지 포기하지 않으면, 성공할 때까지 도전을 멈추지 않으면 실패 따위가 내 인생에 끼어들 겨를이 없다. 실패라는 단어 자체를 내 자존심이 허락하지 않는다. 그래서 나는 넘어져도 일어섰고, 또 넘어져도 다시 일어서기 위해 부단한 노력을 했다. 이것만큼은 자부할 수 있다.

그러나 사는 게 어디 녹록하기만 하던가. 당연히 처음 하는 장사에 그것도 봉고차 한 대로 전국 팔도를 도는 일이었으니 뜻하지 않은 곳에서 죽을 고비도 몇 번 넘겨야 했다.

새 차가 나왔을 때였다. 물건을 너무 많이 싣는 바람에 무게를 못 이겨 차체에 타이어가 닿았다. 나는 곧바로 정비공장에 가서 무조건 스프링을 한 개를 더 대달라고 했다. 지금 생각하면 어디서 그런 아이디어가 나왔는지 모르겠다.

그런데 스프링을 더 댔더니 제품을 가득 실을 때는 쿠션이 있어서 괜찮은데 제품이 많지 않을 때는 반대로 '와다다다' 하고 차체가 흔들릴 정도로 불안한 것이 아닌가. 그래서 이후부터는 항상 제품을 가득 실은 채로 다녀야 했다.

게다가 당시는 도로 사정이 무척 안 좋았다. 악명 높기로 유명한 문경새재, 죽령고개, 박달재 등은 말할 것도 없이 모두 비포장도로였다.

어느 날 왕복 2차선 도로인 구불구불한 죽령고개를 넘는데 걱정했던 일이 벌어졌다. 밤길이어서 조심조심 올라갔는데도 펑크가 나고 만 것이다. 사방은 깜깜하고 물건을 팔아서 수중에 돈은 많은데 도로 한가운데 퍼져 있으니 산전수전 다 겪은 나로서도 막막하기만 했다. 잘못하다가는 내 차를 못 보고 지나가는 차와 충돌하여 죽을 수도 있었다.

어떻게 해야 할지 궁리를 하다가 한 가지 묘책을 냈다. 차가 별로 다니지 않는 길이라 다른 사람의 도움을 받을 수도 없어 생각해 낸 궁여지책이었다. 아예 양쪽으로 어떤 차도 못 다니게 내 차를 중간에 세운 것이다. 지금 생각하면 위험천만한 일이었지만 그때는 펑크 난 차를 그대로 방치해 놓는 것도 똑같이 위험한 일이었다.

내 예상이 맞았다. 맞은편에서 내려오던 큰 트럭이 내 차를 보고 멈춰 섰다. 이윽고 트럭 주인이 내리더니 무슨 일이냐고 물었다.

내가 사정을 설명하니 정말이지 너무나 고맙게 발 벗고 나서서 도움을 주었다. 내 차 타이어는 바람이 다 빠져서 땅바닥에 딱 달라붙어 있는 상태여서 차량용 잭을 넣어 들어 올리기도 쉽지 않았다. 트럭 주인과 나는 그 추운 겨울날 그것도 한밤중에 땀을 뻘뻘 흘리며 봉고차와 혈투를 벌였다. 다행히 큰 트럭 주인에게는 없는 것이 없었다. 삽이랑 온갖 도구들을 총동원한 끝에 가까스로 타이어를 바꿔 낄 수 있었다.

그 추운 날에도 땀으로 옷이 몽땅 젖어 있었다. 정신 차리고 나서 그분께 연신 고맙다며 고개를 숙였다. 정말로 은인이나 마찬가지였다. 헤어질 때는 내 차에 실려 있던 문구용품을 잔뜩 드렸더니 그분도 무척 고마워했다. 살기는 힘들었어도 인정은 살아 있던 시절이었다.

군산에 갔을 때도 한바탕 소동에 휘말렸다. 여인숙에서 잠을 자고 있는데, 그 사이 도둑놈이 내 차 유리창을 전부 깨고는 차에 실려 있던 제품들을 한 개도 남김없이 싹 쓸어간 것이다.

유리창이 깨진 것도 문제였지만 도둑맞은 제품 금액이 어마어마해서 경찰서에 신고부터 했다. 그런데 그 시절에 지문 채취가 있나, CCTV가 있나, 아무것도 없었다. 현장에서 잡지 못하면 경찰도 해줄 수 있는 것이 없을 만큼 치안도 불안정한 시절이었다.

아무 도움도 받지 못한 채 신고만 하고 돌아 나오려는데, 유리창이 와장창 박살 나 있는 차를 보니 울화가 치밀었다. 결국 한숨도 못 잤다. 어떻게든 살아보려고 애를 쓰는 사람에게 상은 못 줄지언정 어째 이런 일이 생긴단 말인가.

제주도에 갔을 때는 지금까지 겪은 시련을 보상이라도 하듯 정반대의 일이 일어났다. 지금이야 제주도라 해도 비행기로 한 시간이면 훅 하고 날아가지만, 그때는 제주도 한 번 갔다 오는 것이 아주 큰일이었다. 내가 그런 시절에 굳이 왜 제주도까지 갔는지 그 이유는 정확히 기억나지 않지만, 아마도 장사꾼의 본능적인 예감 때문인 듯싶다. 제주도에서도 내 물건들이 잘 팔릴 것이라는 예감 말이다.

나는 어쨌거나 큰맘 먹고 투자를 했다. 제주도까지 가려면 목포에서 출발하는 카페리에 차를 실어야 했다. 그만큼 제주도까지 가려면 비용이 많이 들기 때문에 좀처럼 갈 엄두를 못 내었던 것인데 이때는 결심을 하고 곧바로 실행으로 옮겼다. 이것이야말로 투자가 아니면 무엇이란 말인가.

처음으로 제주도에 도착하여 눈에 띄는 한 문방구로 향하였다. 다른 건 모르겠는데 제일 큰 문제가 주인 말을 잘 알아듣지 못한 것이었다. 제주도 사투리가 그때는 더 심했던 것 같다. 할 수 없이 '포장지는 장당 60원' 하는 식으로 글씨를 써서 보여주면 주인이 '오케이' 하는 식으로 대화를 나누었다.

고진감래苦盡甘來라더니 정말로 '세상에 이런 일이!'가 벌어졌다. 그 한 문방구에서 내가 싣고 간 제품 전부를 사들인 것이다.

당시는 물자가 귀하고 도로망이라든가 나라의 기간산업이 거의 전무할 때여서 제주도에서는 제품을 공급받는 것이 여의치 않았다. 그 때문에 문방구 주인 입장에서도 일반 운송비가 붙어 있는 제품보다는 내가 가지고 온 제품 단가가 훨씬 쌌기 때문에 통 크게 사들일 수 있었던 것이다.

어느 정도 예상한 일이었어도 이렇게 단번에 다 팔릴 줄은 나도 몰랐다. 제품 판매대금으로 생각지도 못한 거금이 내 수중에 떨어졌다. 그때의 기쁨은 말로 표현할 수가 없었다.

이후부터 문구 도소매상들이 있는 곳이라면 어디든 달려갔다. 충주, 제천, 단양, 영주, 안동, 예천, 점촌, 문경 등등.

주로 이 코스로 다녔는데 처음부터 그들이 나를 두 팔 벌려 환영했던 것은 아니다. 어떤 업종이든 처음 시작할 때가 가장 힘든 법이지 않은가. 나 또한 마찬가지였다.

처음 거래를 틀 때는 쑥스러움도 많이 타서 문구점에 들어가는 일부터 쉽지 않았다. 다른 일에는 거침이 없었는데, 이 일만큼은 쉽게 적응되지 않았다. 용기를 내서 들어가도 물건을 팔아달라는 말을 차마 못 꺼냈다. 스스로 생각해도 한심했다.

그래도 여기서 물러설 수는 없었다. 말을 못 하겠으면 다른 방법을 찾아내야 했다. 일단 종이 한 장에 내가 가지고 온 제품의 목록과 단가를 모두 적었다. 그러고는 그 종이를 내밀면서 인사를 드리고 "이런 것들이 있습니다." 했다.

그러나 대부분의 반응은 싸늘했다. 쳐다보지도 않거나 필요 없다는 소리만 들려왔다. 이런 반응들에는 나름 굳은살이 배어 있었기에 나는 동요하지 않았다.

팔아주지 않아도 상관없이 같은 요일, 같은 시간에 계속해서 방문하니까 언제부터인가 그 시간이 되면 그들이 먼저 나를 기다리는 일이 생겨났다. 어떤 상황에서도 약속을 지킨 내 뚝심이 빛을 발하는 순간이었다. 자연스럽게 그들과도 친해지게 되었고 어느새 각 지방 문구점에서 쇄도해 오는 주문량으로 행복한 비명을 지르게 되었다.

이렇게 서로 간에 신뢰를 쌓아놓으니 이후에는 많은 물량을 소화하기 위해 내가 직접 가는 대신 건영화물, 천일화물 등으로 화물을 부칠 정도로 장사가 잘되기 시작했다.

정말이지, 내가 장사를 시작하고 나서 이때만큼 행복했던 때도 없었던 것 같다. 전국을 약속된 날에, 시간에 딱 맞춰, 주기적으로 다니니까 거래처도 굉장히 많이 늘어났고 당연히 그만큼 수익도 늘어났다.

이때부터 나의 경영철학은 '신뢰와 신용'으로 굳어졌다. 현대그룹 정주영 명예회장도 "사업은 망해도 다시 일어설 수 있지만, 신용은 한 번 잃으면 그것으로 끝이다."라고 말했다. 나야말로 이 신용의 위력을 몸소 체험한 사람이다.

그러므로 또 다른 세상, 더 넓은 세상으로 나아가는 첫 번째 디딤돌이 봉고차였다면 그 두 번째 디딤돌은 '신뢰와 신용'이었다고 단언할 수 있다.

혁신경영을 위한 세계적 리더들의 조언

· 모두가 원하지만 아무도 하지 않는 일에 도전하라.

· 뜨거운 열정보다 중요한 것은 지속적인 열정이다.

· 사람과 사람을 연결하면 비즈니스로 이어진다.

· 옳다고 믿으면 끝까지 밀고 나가라.

· 결국에는 신념을 가진 자가 승리한다.

– **마크 주커버그**의 어록

내 인생의 가장 소중한 사람

나는 거짓말하지 않고 배가 고파서 수돗물로 배를 채운 적이 한두 번이 아니다. 문구 행상을 할 때는 돈을 아끼기 위해 점심을 거르고 다녔다.

한번은 지방에 갔을 때였다. 문구점 옆 중국집에서 풍겨오는 자장면 냄새가 어찌나 좋던지. 그때 돈으로 얼마 되지도 않았으나 그 돈마저 아끼려고 그렇게 먹고 싶었던 자장면도 먹지 않았다. 그날 풍겨오던 자장면 냄새는 내 평생 잊을 수 없다.

그뿐인가, 버스 토큰이 없어서 독립문에서 삼송리까지 걸어가 본 적도 있다. 그때는 깡패들도 많았는데 어떻게 6, 7시간 거리를 걸어갈 생각을 했는지 모르겠다. 지금 와서 되돌아보면 그만큼 참 순수한 시절이었기에 가능했던 것 같다. 우스

갯소리로 그때 내가 먹을 거 다 먹었으면 아마도 키가 2미터 정도는 됐을 것이다.

이런 고생들을 자양분으로 삼아 김을 매고 씨를 뿌렸더니 어느새 언 땅을 뚫고 파릇파릇한 새싹이 돋아났다. 내가 봉고차로 전국을 돈 2년이라는 시간이 씨앗을 뿌린 시기였다면, 이제는 그 씨앗들이 싹을 틔울 차례였다.

2년 동안 전국을 돌아다니며 열심히 일한 보답은 내 가게를 갖는 것으로 돌아왔다. 첫 번째 싹이 튼 것이다.

웬만큼 돈도 모였기에 그동안 내 소원 목록에 있던 항목들을 하나하나씩 이루어 나가기로 다짐했다. 첫 번째는 내 가게였고, 두 번째는 내 집이었으며, 세 번째는 내 건물이었고, 네 번째는 내 회사였다.

첫 번째 소원을 이루기 위해 고척동에 문구 소매상을 차렸다. 봉고차로 전국을 돌 때부터 문구용품을 판매하였으니 어찌 보면 당연한 일이었다. 문제는 가게를 볼 사람이었다. 내 생각으로는 나는 봉고차로 전국을 도는 일을 계속하고, 내가 믿을 수 있는 사람이 가게를 운영한다면 그보다 더 좋을 게 없을 듯했다.

지금 생각하면 나는 모든 일에 노력도 많이 했지만 타이밍도 참 잘 맞았던 것 같다. 때마침 집에서 결혼 얘기를 꺼낸 것이다. 결혼하여 아내가 가게를 본다면 꿈꾸던 일이 그대로 현실이 되는 것이 아닌가.

더욱이 운명이었을까. 아내는 나와 같이 상주가 고향이었다. 어른들끼리는 서로 알고 지내는 사이였을지 모르지만, 정작 당사자 둘은 전혀 모르는 사이였다. 그런데도 나는 그 얘기를 듣는 순간 일종의 운명이라고 생각했다. 아내는 나보다 두 살 아래였다. 읍내 학교를 오갈 때도 어쩌면 한두 번쯤 스쳐 지나갔을지도 모를 일이다.

아내는 성격이 불 같은 나와는 달리 차분하고 순수한 학자 스타일이었다. 그래서 더 끌렸는지도 모르겠다. 처음 보는 순간 이 사람이다 싶었고, 내 인생에 있어 꼭 필요한 사람이라고 확신하였다. 어른들끼리 이미 얘기가 끝나 있는 상태였으므로 약혼을 하고 결혼을 하기까지 오랜 시간이 걸리지 않았다. 아내 또한 어른들 말씀을 거역하지 않고 순순히 따라주었다. 지금 시대의 젊은이들은 믿지 않겠지만 그 당시에는 그것이 당연한 일이었다.

그러나 역시 나는 나였다. 평범함을 거부하는 나는 결혼식도 올리지 않은 상태에서 결혼자금을 미리 달라고 했다. 지금 생각하면 어떻게 그럴 수 있었나 싶다. 참 불가사의한 일이다. 그러고는 아내에게 서울로 올라와 가게를 보라고 했다. 대체 무슨 배짱이었는지 모르겠다.

그런데 더 불가사의한 건 아내의 집에서도 오케이를 했고 아내도 오케이를 했다는 점이다. 나중에 들은 얘기로는 어른들이 시키니까 따랐을 뿐이라고 하지만 아내도 내가 싫지는 않았기에 그런 용기를 냈던 것이리라.

아내는 정말로 결혼자금을 가지고 서울로 올라왔다. 그것도 복대에 고이 싸맨 채로 말이다. 그 모습을 본 순간 솔직한 마음으로 '아, 내가 남자로서 이렇게까지 해야 할까?' 하는 의문도 들었다. 그러나 나 혼자만 잘살기 위해서가 아니었다. 앞으로는 아내와 함께 더 잘살기 위해서였다. 그래도 신혼 초기부터 너무 고생만 시켜 미안할 뿐이다.

함창 읍내에서 결혼식을 무사히 마치고 수안보에서 하룻밤 잔 다음, 그 이튿날 바로 서울로 올라와 가게를 열고 정상영업을 하였다. 이후부터는 아내라는 천군만마를 얻었으니 가게 일은 아내에게 전적으로 맡겨놓고 나는 다시 전국을 봉고차로 돌기 시작했다.

그런데 말이 문구 소매상이지, 사실은 연탄 광이었다. 제대로 된 방도 아닌 연탄 보관하는 곳에 방이라고 만들어 놓았으니 얼마나 초라하고 궁색했겠는가. 정말로 두 사람이 누우면 딱 맞을 정도로 작은 공간이었고, 가재도구라고는 나무 궤짝에 가스레인지 하나가 전부였다. 벽지도 온통 신문지로 도배한 것이 다였으니 말해 무엇 하겠는가.

이곳에서 아내가 무척 고생하였다. 난방도 안 되어서 전기장판 하나로 겨울을 나야 했고, 수도도 쭈그리고 앉아서 써야 했고, 빨래 널 데가 없어 주인집 마당에 널었다가 눈치를 주는 바람에 길바닥에 내다 널어야 했으니, 그때 아내의 심정이 어떠했을지 내 가슴이 다 저려온다. 가게 보랴, 궁색한 집안 살림하랴, 아내 속이 속이 아니었을 듯싶다. 더욱이 화목한 가정에서 부족함 없이 자란 아내였기에 고생하는 아내 얼굴 보기가 매번 곤욕스러웠다.

그러던 어느 날 아내의 고향 친구들이 놀러 왔을 때를 잊을 수가 없다. 고향에서는 아내도 잘나가는 사람이었는데, 결혼했다고 해서 찾아와 보니 이게 웬걸! 연탄광 바닥의 나무 사과궤짝 위에 가스레인지 하나 놓고 살고 있는 아내를 보게 된 것이다. 아내 친구들로서도 어이가 없고 기가 막혔을 것이다. 당연히 “어떻게 이런 데서 사느냐?”는 말이 나오고도 남았다.

그들 마음을 이해하면서도 막상 아내 친구들이 안쓰러워 하는 모습을 보니 남자로서 자존심이 많이 상했고 너무 부끄러웠다. 그래서 이후부터 더더욱 이를 악물고 노력했던 것 같다. 아내에게 번듯한 집을 선물해 주기 위해서 말이다.

이때의 일은 아직도 내 자존심에 상처를 낸 일로 남아 있기 때문에 나중에라도 꼭 그때 왔던 아내 친구들을 다시 초청하고 싶었다. 그때의 고생이 결코 헛된 고생이 아니었음을 증명하고 싶은 마음도 있었다. 그러나 이제는 다시 모이는 것조차 쉽지 않게 됐으니 어느새 또 이렇게 세월이 흘러갔나 싶다.

그때나 지금이나 아내는 내 인생의 가장 소중한 사람이고, 일의 파트너이자, 평생의 동반자이다. 아내와 결혼한 이후부터 모든 일이 술술 풀려나갔고, 내 소원 목록에 있던 것들도 하나씩 하나씩 이루어지기 시작하였다.

탈무드의 "세상에서 가장 행복한 사람은 누구인가? 그는 좋은 아내를 얻은 남자다."라는 구절처럼 어쩌면 나는 세상에서 가장 행복한 사람일지도 모르겠다.

역시 사업이든 사람이든 내 선택이 옳았던 것이다. 아내야말로 내가 전국을 돌며 힘겹게 뿌려놓은 씨앗에 싹을 틔우고 물을 주고 벌레를 잡아 꽃을 피우게 할 최상의 적임자였기 때문이다. 이 글을 빌려 쑥스러워서 평소에는 못 하던 말과 편지를 아내에게 전한다.

"고맙소. 사랑하오."

아내에게 쓰는 편지

그녀의 구부정한 어깨 위로
빛살 같은 세월이 쏟아져 내립니다.

어제가 그제가 바로 오늘처럼
마음의 주름살 위로 내려앉습니다.

어느새 하얗게 물들어버린 그녀의 머리칼,
착하게 쓸어넘겨 줄
싱그러운 바람이고 싶습니다.

삶의 무게로 휘청거리는 그녀의 발,
폭신하게 감싸줄
보드라운 흙이고 싶습니다.

채 삭이지 못한 외로움으로 흔들리는 그녀의 눈길,
환하게 밝혀줄
투명한 하늘이고 싶습니다.

멀지 않은 길 돌아가느라 지쳐버린 그녀의 마음,
편히 기대게 해줄
든든한 나무이고 싶습니다.

시간이 갈수록 야위어가는 그녀의 등,
제일 먼저 어루만져줄
한 자락 햇살이고 싶습니다.

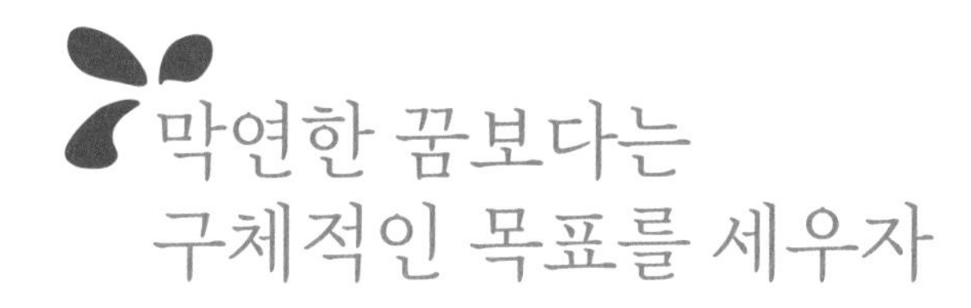

막연한 꿈보다는 구체적인 목표를 세우자

"위대한 인물에게는 목표가 있고
평범한 사람들에게는 소망이 있을 뿐이다."

- 워싱턴 어빙

나는 성공하는 사람들은 대부분 자신이 원하는 목표를 분명하게 갖고 있다고 생각한다. 목표가 구체적이고 확고하면 그것을 이루기 위한 열정과 자신감이 불타오르고, 크고 작은 결정을 내릴 때도 중요한 역할을 하기 때문이다.

아무리 위대한 사람이라도 보이지 않는 과녁을 명중시킬 수는 없다. 눈앞에 잘 보이게 과녁을 세워두어야 머뭇거림 없이 활시위를 당길 수 있지 않은가. 그래서 나는 목표를 세우고 그것을 실행으로 옮길 때 나만의 몇 가지 원칙을 정해 두었다.

첫째, 현재 내가 가장 갈망하는 것이 무엇인지 확인한다.

둘째, 구체적이면서도 명확한 목표를 세운다.

셋째, 일단 목표가 세워지면 후회, 타협, 포기하지 않는다.

넷째, 남들이 쉽게 생각하지 못하는 창의성을 갖는다.

내가 이런 원칙을 세운 것은 구체적이고 명확한 목표야말로 더 많은 노력을 생성해 낼 수 있다고 믿기 때문이다. 누구에게든 완전하고 확실한 미래란 없다. 불확실하고 불안정한 미래이기에 목표만이라도 구체적이고 분명해야 한다. 그래야 과녁을 맞힐 수 있는 확률도 높아진다.

나는 회사를 다닐 때는 봉고차로 전국 팔도를 돌며 내 장사를 하는 것을 목표로 삼았고, 봉고차로 전국을 누빌 때는 소매상을 할 수 있는 내 점포를 갖는 것을 목표로 삼았다. 막연한

꿈이 아닌 한 단계 한 단계 내가 할 수 있는 최선의 노력을 다 했을 때 이룰 수 있는 목표를 타깃으로 삼았던 것이다.

그렇게 원하는 목적지에 다다랐어도 한숨 돌릴 시간이 없었다. 그다음 목적지들이 줄을 서서 내가 어서 오기만을 오매불망 기다리고 있었기 때문이다.

내 가게라는 첫 번째 목표를 이루니 뒤를 이어 자연스럽게 내 집을 갖고야 말겠다는 목표가 생겼다. 그 목표에 다다르기 전에 먼저 연탄광에서 탈출하여 월셋집으로 이사를 했다. 당시 구로공단에는 일명 '닭집'이라 불리는 부엌 딸린 방 한 칸짜리 집이 많았다. 우리가 이사 간 월셋집이 딱 그 구조였다.

남들은 어땠을지 모르지만 우리에게는 이 방 한 칸짜리 월셋집이 천국이었다. 일단 문을 열면 부엌이 있고 안으로 들어가면 연탄 때는 방이 있었다. 부엌다운 부엌도 방다운 방도 그곳이 처음이었다. 혹독한 추위 속에서도 달랑 전기장판 한 장으로 겨울을 났었기에 난방다운 난방이 되는 이 집이 얼마나 따뜻하게 느껴졌는지 모른다.

그곳에서 첫애를 낳았는데 비록 월셋집이긴 해도 아내도 나도 참 행복했고, 처음으로 집이 주는 훈훈함과 따뜻함을 체감할 수 있었다.

그사이 내가 결혼하기 전부터 계획한 대로 공장가격 이하로 물건을 가져와서 아내는 소매를 해서 벌고 나는 전국 팔도를 상대로 해서 벌었다. 소매 제품 판매량은 내 대량 판매량에 비하면 미미했지만 그래도 아내가 든든하게 가게를 지키고 있었기에 내가 마음 놓고 전국을 누빌 수 있었다. 이렇게 둘이 함께 열심히 버니 하루가 다르게 돈이 모였다. 이로써 다음 목적지인 내 집 마련에 한 발 더 다가선 것이다.

신혼 초 다리 뻗고 맘 편히 눕기도 힘든 곳에서 살다 보니 집은 우리 부부에게 집 이상의 의미를 지니고 있었다. 월셋집을 벗어나 하루라도 빨리 내 집을 갖기 위해서는 게으름을 피울 수도 불평을 할 수도 없었다. 그 시간조차 너무 아까웠다. 더욱이 열심히 일한 만큼 그 대가가 차곡차곡 통장에 쌓이다 보니 노력을 안 하는 것이 오히려 죄라는 생각이 들었다.

그 무렵 형님은 아파트에 살고 있었다. 그렇기에 내 목표는 분명했다. 형님처럼 아파트에 사는 것이었다. 그리고 드디어 결혼하고 2년 만에 그토록 꿈에 그리던 내 집을 살 수 있었다. 서른다섯 평 연립주택이었다.

그때의 감격스러움을 어찌 말로 표현할 수 있겠는가. 그렇게 먹고 싶었던 자장면도 먹지 않고 열심히 일한 것이 결코 헛된 것이 아니었다. 결혼 후 줄곧 고생만 한 아내에게도 이제 좀 체면이 섰다.

아직도 내 집에 첫발을 내딛던 순간을 잊을 수 없다. 온 세상이 내 것 같았다. 그동안 집이 없어 당했던 서러움까지 한 방에 날아가는 느낌이었다. 목표를 정하고 한 단계 한 단계 그 목표를 달성해 갈 때마다 느끼는 성취감은 정말로 남달랐다.

'운외창천雲外蒼天'이라고 어두운 구름 밖으로 나오니 맑고 푸른 하늘이 나타났다. 온갖 고생에도 포기하지 않고 부부가 합심하여 목적지를 향해 힘껏 달린 덕분이었다.

혁신경영을 위한 세계적 리더들의 조언

· 사람이라면 누구나 목표에 집중해야 한다.
· 가장 뛰어난 모델은 종종 가장 단순한 것에 있다.
· 세상에는 뛰어난 이념이란 없다. 성실한 결과만 있을 뿐이다.
· 관계란 의존할 것이 못된다. 사업은 관계나 영특함만으로 되는 것이 아니다.
· 순탄할 때는 모든 사람들이 앞다투어 나올 수 있지만 역경에 처할 때 지도력이 나온다.

– **마윈** 알리바바 회장의 어록

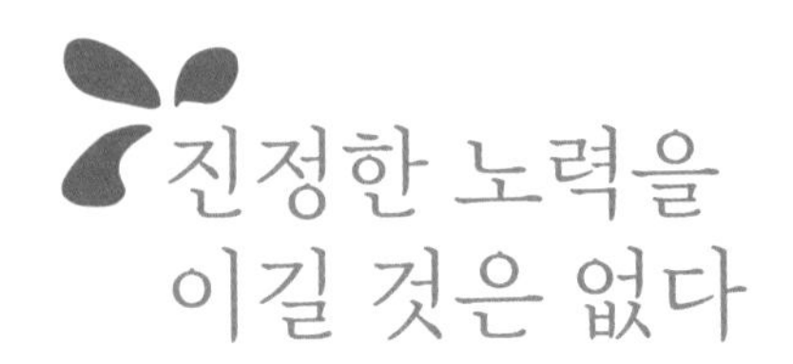

진정한 노력을 이길 것은 없다

우연히 세계 최초 에베레스트를 등정한 산악인 에드먼드 힐러리에 관한 글을 읽다가 무척 감명을 받았다.

누군가 그에게 어떻게 에베레스트에 올라갔느냐고 물었다. 그러자 그가 대답했다.

"한 발 한 발 걸어서 올라갔다. 진정으로 바라는 사람은 이룰 때까지 한다. 안 된다고 좌절하지 않는다. 안 되면 방법을 달리한다. 방법을 달리해도 안 될 때는 그 원인을 분석한다. 분석해도 안 될 때는 연구한다. 이쯤 되면 운명이 손을 들어주기 시작한다."

내가 살아오면서 늘 가슴속에 품어두던 생각과 일치해서일까, 무척 마음에 와닿았다.

나 역시 살아오면서 그것이 어떤 일이든 온 마음을 다해 갈망하고 그것을 위해 자신이 할 수 있는 최선의 노력을 다한다면 안 될 일이 없음을 깨달았다. 어찌 보면 너무나 평범한 진리이다.

반대로 어떤 일에 실패했다면 제일 먼저 할 일은 스스로에게 묻는 것이다. '정말로 죽기 살기로 노력했는가?'라고. 실패한 사람 중 이 질문에 자신 있게 "YES!"라고 대답할 사람이 과연 몇이나 있을까.

목표가 확고하고 이에 상응하는 노력만 쏟아부으면 누구든 성공할 수 있다. 문제는 실패한 사람 대부분이 상응하는 노력을 하지 않은 것이다. 100%의 노력을 할 수 있는데 50%밖에 안 해놓고 노력했는데도 실패했다고 변명한다면 스스로에게 부끄러운 일이다.

물론 노력한다고 매번 성공할 수는 없다. 하지만 성공한 사람들은 모두 노력했다는 사실을 기억하자.

세상일에 저절로 되는 것이 어디 있겠는가? 세상에 공짜가 어디 있겠는가?

남들 눈에는 쉽게 성공한 듯 보여도 그들의 성공 뒤에는 언제나 피나는 노력이 숨어 있음을 깨닫고, 그들처럼 지금 당장 있는 힘껏 노력해야 한다. 그래야 오늘의 실패가 내일의 성공으로 가는 자양분이 될 수 있다.

노끈으로 톱질을 해도 끈기를 갖고 노력만 하면 나무를 자를 수 있다. 물방울이 떨어져 돌에 구멍을 내듯 아무도 거들떠보지 않는 작은 노력들이 수백 번 수천 번 쌓여 이루어진 것이 바로 성공인 것이다.

그렇기에 나는 진정한 노력은 언제든 그 보답을 받는다고 믿는다. 혹자는 진부하다고 할지도 모르나 '노력은 결코 배신하지 않는다.'라는 것이 내 지론이다.

내 지나온 날들이 그 방증이다. 왜냐하면 우리 부부의 부단한 노력이 연립주택에서 또 한 단계 업그레이드된 고척동의 2층 건물로 되돌아왔기 때문이다. 그동안 입을 것 먹을 것 아끼고 하루를 25시처럼 뛰어온 결과였다.

확실히 나는 남들보다 출발은 다소 늦었을지 모른다. 그래서 남들보다 더 열심히 뛸 수밖에 없었다. 그 결과 오히려 남들보다 이른 나이에 건물 주인이 될 수 있었다. 당시 내 나이에 2층 건물을 가지고 있다는 것 자체가 다른 사람들에게는 선망의 대상이었다.

그동안 아내와 함께 고생해서 일군 소매상은 내가 특히 아끼던 여동생에게 통 크게 넘겨주고, 생애 첫 내 집이었던 연립주택을 팔아 2층 건물을 매입한 것이다. 이층집 하나는 임대를 주고 다른 하나는 살림집으로 썼다. 아래층도 제일 큰 점포에서는 우리가 도매상을 하고 나머지는 임대를 주었다.

차근차근 목표로 했던 것들이 이루어지니 남들 눈에는 쉽게 성공한 듯 보일지도 모르겠다. 그러나 남들 잘 시간에 일하고, 남들 호의호식할 때 안 먹고 안 입어서 성취한 성공이었다. 절대로 남들과 똑같이 했으면 이룰 수 없었을 것이다. 정직하게 땀을 흘린 과정이 있었기에 가능한 일이었다.

그러나 나라고 해서 왜 좌절할 때가 없었겠는가? 당연히 나도 있었다. 누구라도 죽을힘을 다해 달려와서 골인 지점이 바로 눈앞인데 갑자기 돌부리에 걸려 넘어지면 별수 있겠는가? 억울하고 분해서 한동안은 주저앉아 엉엉 울고 좌절도 할 것이다.

그러나 인생에 있어서 중요한 것은 돌부리에 걸려 넘어진 것보다 그다음 선택이라고 생각한다.

좌절할 수는 있어도 좌절'만' 해서는 안 된다. 그래서 나는 돌부리에 걸려 넘어질 때마다 포기하는 대신 그 돌부리를 뛰어넘는 것을 선택했다. 그리고 내가 한 선택을 책임지기 위해 다음번 경주에서는 훨씬 더 치밀하게 준비하고 훨씬 더 신중을 기했다.

똑같은 실수를 하지 않기 위해 골인 지점에 완전하게 다다를 때까지 만반의 준비를 했더니 그다음부터는 갑자기 나타난 돌부리도 거뜬히 뛰어넘게 되었다. 넘어졌을 때 좌절하여 그대로 포기했다면 전혀 만나지 못했을 풍경이었다. 실패를 거울삼아 오롯이 나 자신의 노력만으로 이루어 낸 성공이라면 더 뿌듯하고 더 값지기 마련이다.

그 순간만큼은 스스로에게 엄격한 내게도 칭찬을 해주고 싶었다. 여기까지 열심히 잘 달려왔다고. 수고 정말 많았다고.

찬찬히 되돌아보면 고향을 떠나온 이래 나는 직장을 다녀 모은 돈으로 내 장사를 시작하였고, 봉고차로 전국 팔도를 돌며 장사를 하다가 점포를 얻어 소매상을 하였고, 소매상을 성장시켜 규모가 더 큰 도매상을 차리게 되었다.

또 열악한 환경의 연탄광에서 살다가 부엌이 있고 난방이 되는 월셋집을 얻었고, 그 월셋집에서 당당히 내 집 마련의 꿈을 이뤄 연립주택을 샀으며, 그 연립주택을 팔아 마침내 2층 건물의 주인이 되었다.

사람들은 묻는다. "어떻게 그렇게 목표로 한 바를 차근차근 이룰 수 있었나? 너무 소설 같은 이야기 아닌가? 특별한 비법이 있는가?"라고.

그럴 때마다 나는 단호히 대답한다. "특별한 것은 단 한 가지도 없다. 그저 남들보다 두 배 세 배 더 노력한 것밖에. 나에게는 노력이 성공으로 가는 지름길이었다."라고.

혁신경영을 위한 세계적 리더들의 조언

· 업業의 개념을 알아라.

· 사람은 온전히 믿고 맡겨라.

· 정상에 올랐을 때 변신하라.

· 행하는 자 이루고 가는 자 닿는다.

· 보보시도장步步是道場, 즉 '한 걸음 한 걸음이 인생'이다.

– **이병철** 회장의 어록

동등한 파트너십이란

"나는 당신이 할 수 없는 일들을 할 수 있고,

당신은 내가 할 수 없는 일들을 할 수 있다.

하지만 함께라면 우리는 멋진 일들을 할 수 있다."

- 마더 테레사

내가 싫어하는 속담이 하나 있다. "사촌이 땅을 사면 배가 아프다."이다. 남이 잘되는 것을 기뻐해 주지는 않고 오히려 질투하고 시기하는 것인데, 이 얘기를 들을 때마다 요즘 말로 웃프다. 어쩔 수 없는 인간의 속성이라 해도 마음 한켠이 씁쓸하다.

이런 생각이 들 때마다 나는 누군가에게 축하할 일이 생기면 제일 먼저 축하해 주고 진심으로 응원하려고 노력한다. 진정성 어린 마음이 상대에게 닿으면 고스란히 내게로 돌아온다는 것을 알기 때문이다.

그런데 살다 보면 안타깝게도 격려보다는 시기 어린 시선에 처할 때가 있다. 장사를 할 때도 마찬가지다. 옆집이 잘되면 배가 먼저 아프다. 당연히 나보다 장사가 안 되길 바란다. 배만 아파하는 것은 그나마 다행이다. 심할 때는 훼방을 놓기도 하고 보이지 않는 압력을 넣기도 하니까.

소매상을 할 때와는 비교할 수 없을 만큼 큰 점포에서, 그것도 내 건물에서 도매상을 시작하니 셋돈으로 나갈 돈도 없어서 장사는 더 불같이 일어났다. 아무 밑천 없이 근성과 노력 하나로 문구시장에 뛰어들어 온갖 고생을 마다하지 않은 끝에 이루어 낸 결과였다.

그래서였을까. 그 무렵 이런 일이 있었다.

우리 점포 규모가 큰 편이기도 했지만, 봉고차부터 소매상을 거치는 동안 쌓아놓은 노하우가 있었기에 장사가 무척 잘될 수밖에 없었다. 제조업체들 말에 의하면 영동포시장에 있는 열 몇 군데의 도매상 판매량을 합한 것보다 내가 더 많이 판다고 했다. 결국 이 사실이 입소문을 거쳐 문구업계 전체에

파다하게 퍼져나갔다.

당연히 문구업계에도 문구도매업협동조합이란 것이 있다. 조합은 영등포지부, 청량리지부, 창신동지부, 남대문지부 등 지역별로 나누어진 지부로 구성되어 있는데 어디나 그렇듯 제조업체한테 큰소리를 칠 정도로 지부의 힘이 굉장히 셌다. 그런데 당시 나는 지부에 소속되어 있지 않았다.

그러던 어느 날 영등포지부에서 제조업체에게 내게 제품을 주지 말라고 압력을 가하고 있다는 사실을 알게 되었다. 압력이 심해지니 제조업체 입장에서도 거래처를 나 한 군데로 할 것인가, 업체 여러 곳으로 할 것인가를 결정해야 했다. 내가 물건을 많이 팔긴 하여도 업체 여러 곳이 뭉치면 제조업체 측에서는 당연히 혼자인 내 쪽이 리스크가 더 클 수밖에 없다.

상황이 이렇다 보니 이후부터 제품을 팔아주는 내가 오히려 물건을 파는 제조업체의 눈치를 보게 되었다. 반대로 제조업체 쪽에서는 오히려 큰소리를 치며 내게 배짱 영업을 하게 되었다. 손님이 왕이라 했건만 전과는 입장이 완전히 뒤바뀐 것이다.

'아니, 도대체 내가 무얼 잘못했지? 고생하며 발로 뛰어 쌓은 노하우로 남들보다 장사를 잘하는 게 뭐 어때서? 여태까지

누구에게도 해 끼치지 않고 열심히 일해 왔는데 왜 눈치 보며 물건을 사고팔아야 하지?'

하루 이틀도 아니고 앞으로도 이런 식으로 장사할 생각을 하니 억장이 무너지고 화가 났다. 계속 이럴 수는 없었다. 무언가 돌파구가 필요했다. 그 돌파구를 찾기 위해 밥도 안 먹고 잠도 안 자고 오직 한 가지 생각에만 몰두했다.

'대체 어떻게 하면 내가 원하는 대로 동등한 파트너가 될 수 있을까?'

고심에 고심을 거듭한 끝에 결단을 내렸다. 어디에도 소속되어 있지 않던 내가 영등포지부에 가입하기로 마음을 굳힌 것이다. 혼자서 제조업체에 맞서기에는 무리라고 생각했기 때문이다. 이럴 때는 다른 이들과 협력할 줄도 알아야 한다. 그래야 한 발 후퇴, 두 발 전진할 수 있다.

조합에 가입하고 나니 내가 예측한 대로 상황이 반전되었다. 그동안 내게 배짱 영업을 해대던 제조업체들이 꼬리를 내리게 된 것이다. 조합에 가입하지 않고도 잘 팔던 나였는데, 이제는 조합 가입까지 했으니 누구의 눈치도 볼 것이 없었다.

다만, 조합에 가입하기 전 이런저런 곤욕들을 치르면서 결

심한 것이 있었다. 제조업체에서 조합원이든 아니든 모든 판매처에게 공평하게 제품을 팔아야 나 같은 일이 또 생기지 않을 것이다. 조합에 가입하면 이러한 부조리만큼은 반드시 타파할 것이라고 결심하였고, 바로 실행으로 옮겼다. 업체 담당자들을 불러 모은 후 그들에게 단호히 말했다.

"그동안 당신들 나한테 어떻게 했는가? 당신들에게 나는 고객인데 그런 고객에게 얼마나 으스대며 배짱 영업을 해왔는가? 대체 지금이 어떤 시대인데 예전의 구태의연한 영업방식을 고수하는가? 그래도 좋다. 이미 지나간 것은 더 이상 문제 삼지 않겠다. 다만 이런 일이 다시 생기지 말란 법도 없고 나 같은 사람이 또 나오지 말란 법도 없으니 한 가지 약속해 주기 바란다. 자본주의 사회에서는 경쟁해야만 모두 다 같이 발전할 수 있다. 그러니 모두에게 공평하게 판로를 열어준다고 약속하라."

다행히 내 얘기가 통했는지 이후부터 문구시장에서도 누구에게나 개방된 판로가 담보되었다.

나는 이때의 일을 경험 삼아 이후 사업을 할 때 원칙을 세운 것이 있다. 바로 상생·협력경제이다. 우리 회사가 자재를 살 때 공급업체도 돈을 벌 수 있어야 한다. 우리 회사와 거래해서 적자가 나거나 발전이 없으면 결국에는 시장에서 도태되고 만다. 반대로 우리 회사와 거래하는 업체들이 잘되면 우리 회사 물건도 더 잘 팔린다. 즉 각각 다른 경제 주체들이 서로 협력하여 문제를 해결할 때 진정한 파트너십을 구축할 수 있는 것이다.

과거에는 지키려고 성을 쌓았다. 그러나 이제는 지키려고만 하면 더 이상 성장은 불가능하다. 성장하지 못하면 결국 가진 것을 모두 잃게 되는 시대이다. 지키려면, 키우려면 나만의 성을 부수고 더 큰 세상으로 나가야 한다. 더 큰 세상에서 동등한 파트너십으로 협력·상생할 수 있는 관계를 만들어 가야 한다.

서로 상생하며 WIN-WIN 할 수 있는 관계를 만들기 위해 나는 지금 이 순간도 끊임없이 노력하고 있다.

준비된 사람은 성공을 향해 나아갈 수 있다

인정승천(人定勝天)의 도전정신

선택의 여지가 없을 때는 용감하게 맞서라

새 술은 새 부대에

누구나 할 수 있는 일보다는 누구나 할 수 없는 일을 하라

거래처의 마음을 사로잡아라

누구도 모방할 수 없는 독보적 기술력

지구촌은 하나의 시장

한국을 넘어 세계인의 추억을 담는다

추운 겨울을 보낸 나무들이 더 아름다운 꽃을 피운다

PART 2

물을 주고 꽃을 피워서

곁을 둘러보면

- 이상배

곁을 둘러보면

늘 곁에 있었습니다

최고의 명품을 만들기 위해

노력하는 장인정신으로

40여 년간 앨범 단 한 가지 분야에서

최고의 자리만을 고집하는 사람들

곁을 둘러보면

늘 곁에 있습니다

숨 쉴 틈도 없이 빠르게 흘러가는 세상

역경과 위기가 번갈아 엄습해 와도

여러분의 소중한 순간순간들을

가장 가치 있게 만들고자 노력하는 사람들

곁을 둘러보면

늘 곁에 있겠습니다

누구도 모방할 수 없는 기술력과

차별화된 디자인으로

언제나 최고의 자리에서

여러분의 과거, 현재, 미래에 동행하는 사람들

대한민국을 넘어 세계인의 추억을 담는

명품 앨범을 만들며

가장 소중한 추억을 대대로 간직해 드리고 싶은

그 마음 하나

바로 변함없이 여러분 곁을 지키는

칸나의 존재 이유입니다

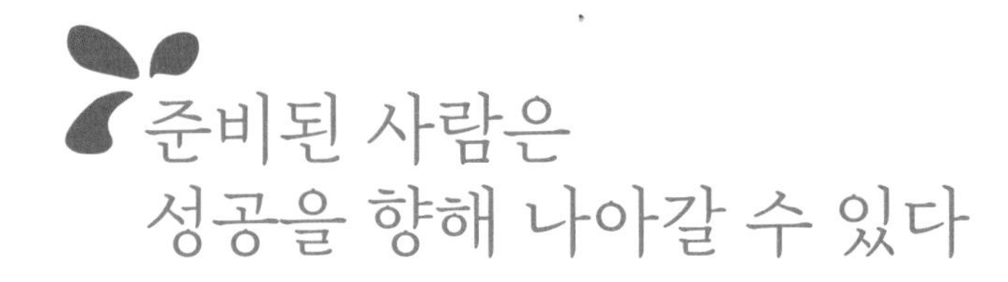

준비된 사람은 성공을 향해 나아갈 수 있다

"기회가 오지 않음을 두려워하지 말고
기회가 왔을 때 준비되어 있지 않음을 두려워하라.
불가능은 노력 앞에 무릎을 꿇는다."

- 작자 미상

요즘은 도심에서 멀지 않은 곳에서도 흔하게 주말농장을 볼 수 있다. 바쁜 일상에 지친 도시인들로서는 흙냄새를 맡으며 자연을 만끽하는 동시에, 직접 농사를 지음으로써 수확의 기쁨까지 체험해 볼 수 있다.

크지는 않아도 그렇게 나만의 텃밭에서 농사를 지어본 사람들은 알 것이다.

씨앗을 뿌리기 전까지, 땅을 고르고 밑거름을 주고 흙을 뒤집는 등 준비작업이 생각보다 무척 많고 고되다는 것을.

그러나 그 준비작업을 한 가지도 허투루 하지 않고 꼼꼼히 해놓으면, 어느새 파릇파릇한 새싹이 돋아나오는 행복한 시간을 맞이할 수 있다. 연하디 연한 새싹이 단단한 땅을 뚫고 나오는 기적을 보는 순간, 그간의 고생은 스르르 눈 녹듯이 사라진다.

그 후부터는 기적처럼 돋아난 이 싹을 잘 키워내기 위해 조심조심 모종을 옮겨 심고 다시 잡초를 솎아내고 웃거름을 주는 일을 반복하게 될 것이다.

첫 번째 준비작업이 싹을 틔우기 위해서였다면 두 번째 준비작업은 튼실한 수확을 얻기 위함이다.

사람의 인생도 이와 마찬가지가 아닐까.

역경 속에서도 좌절하지 않고 내일을 준비하며 오늘에 노력이라는 씨앗을 뿌려둔다면, 분명 머지않은 미래에 성공의 새싹이 돋아날 것이다. 그 후부터는 막 움튼 성공의 새싹이 더 튼튼하게 자랄 수 있도록 제때 물을 주고 벌레를 잡아주어 더 큰 성공으로 이어가는 것이다.

어제보다는 오늘을, 오늘보다는 내일을 생각하며 한 걸음씩 꾹꾹 눌러 밟으며 자신만의 길을 준비해 가는 것. 나는 이것이야말로 성공을 향해 나아가는 첫걸음이라고 생각한다.

이 첫걸음을 용기 있게 내딛기 위해서는 무엇보다 미래를 예측할 수 있는 능력을 키워야 하며, 언제든 기회가 왔을 때 잡을 수 있도록 만반의 준비를 해놓고 있어야 한다. 준비에 실패하는 것은 실패를 준비하는 것과 마찬가지라 했다.

프랑스의 황제 나폴레옹은 "총명하고 용맹한 장군은 군사 작전을 성공으로 이끈다. 천천히 계획하고 빨리 실행하는 것이 관건이다. 작전을 세울 때 나는 세상에 둘도 없는 겁쟁이가 된다. 나는 상상할 수 있는 모든 위험과 불리한 조건을 과장한다."라고 말했다.

우리의 예상과는 달리 천하를 호령하던 나폴레옹이 전쟁터에 나갈 때면 늘 운이 나쁘다고 믿고 나간 것이다. 그만큼 사전에 철저한 대비를 한다는 얘기다. 장수는 늘 최악의 상황을 염두에 두고 그에 대한 대비책을 미리 세워놓고 실전에 임해야 승리하는 법이다.

거미도 줄을 쳐야 벌레를 잡지 않는가. 무슨 일이든 그것에 맞는 준비가 있어야 그에 따른 결과도 얻을 수 있는 것이다.

내가 소매점을 여동생에게 주고 도매업을 시작할 때도 수많은 준비가 필요하였다.

단순히 규모만 늘린 것이 아니었다. 제일 먼저 소매와 도매의 차이점을 정확히 파악했다. 간단히 말해 도매와 소매의 기본적인 차이는, 도매는 기업 대 기업이고 소매는 기업 대 소비자라는 점이다. 당연히 판매 대상이 다르고, 말 그대로 소량 판매인 소매에 비해 도매는 대량 판매를 한다. 이러한 차이점을 명확히 인식하고 나서 나는 각각의 특성에 맞는 영업방식을 취했다.

그렇게 10여 년을 계속 문구 도소매업 한 길만 파면서 문구업계에서의 내 입지를 탄탄히 다져갔다. 무엇보다 내가 가장 잘 알고, 노하우가 축적되어 있으며, 또 가장 잘할 수 있는 일에서 승부를 건 것이 주효했다.

이와 동시에 나는 또 다른 도전을 꿈꾸기 시작했다.

지금까지 열심히 노력하여 씨를 뿌리고 싹을 틔워 놓았으니, 이제는 그 싹이 단단한 줄기가 되고 무성한 잎이 되어 싱그러운 꽃을 활짝 피울 수 있게 할 일만 남아 있었다.

내게는 멈춰 있는 시간은 곧 패배를 의미한다. 더디더라도 스스로 정한 목적지를 향해 쉬지 않고 한 걸음씩 내딛는 것, 그것이 내 삶의 철학이자 모토이다.

미래를 향한 한 걸음! 이 무렵 나는 더 크고 더 넓은 세상으로 나아가기 위해 내 인생에 있어 터닝 포인트가 될 중대한 결심을 한다. 바로 유통업에서 제조업으로의 변신이었다.

전국을 일주하며 봉고차로 물건을 팔 때나, 소매업을 거쳐 도매업을 할 때나, 내 최종 목적은 내 사업을 하는 것이었다.

소매업이나 도매업은 완제품을 싸게 사서 많이 팔기만 하면 되지만, 제품을 만드는 일부터 해야 하는 제조업은 그 과정에서부터 수준이 달랐다.

식물이나 동물, 인간이 그냥 태어나는 것이 아니라 정성을 들이고 공을 들여야 태어나는 것처럼 제조업도 똑같다. 철저한 시장조사를 거쳐 면밀한 기획을 세워야 하고, 제품의 차별화된 디자인은 물론 불량품 없는 고품질 생산까지, 모든 과정 하나하나에 철저한 준비가 있어야 좋은 제조업체가 탄생할 수 있는 것이다.

과정은 복잡하고 힘들어도 그만큼 완성도와 성취감이 높은 일이기에, 나는 오래전부터 늘 사업의 꽃은 제조업이라고 생각하였고, 제조업을 해봐야 진정한 사업을 하는 것이라고 믿어왔다. 그런 믿음을 이제 행동으로 옮기려는 것이었다.

우선 내 사업을 시작하려면, 어떤 분야의 제조업을 할 것인가부터 결정해야 했다.

사실 내 성격과 스타일에 맞는 것은 오밀조밀한 문구업보다는 큰 프로젝트를 추진하는 건설업이나 중공업 쪽이었다. 그러나 그것은 내 바람일 뿐 이상과 현실은 다르다. 그 다름을 인정하고 자신의 능력에 맞게 자신의 눈높이에서 가장 이상적인 것을 찾는 것이 더 중요했다.

꽃은 어디서부터 시작되는가? 씨앗에서부터 시작된다. 내가 뿌린 씨앗은 문구업이었다.

장사를 처음 시작한 것도, 소매업과 도매업을 통해 탄탄하게 입지를 다질 수 있었던 것도 모두 문구용품 덕분이었다. 씨앗이 자라 꽃을 피우게 되면, 아름다운 꽃도 피고 못난 꽃도 피겠지만, 이왕에 발을 들여놓았으면 아름다운 꽃을 피우기 위해 쉼 없이 노력하는 자세가 더 필요하지 않겠는가.

한계산업이라도 누군가는 해야 한다. 아날로그 사업도 디지털이 대체할 수 없는 산업이라면 누군가는 해나가야 한다. 각자의 재능을 살려 각자의 분야에서 미래의 가능성을 보고 도전해 보는 것이 중요하다. 어떤 분야에서든 미래의 가능성을 보고 안 되면 될 때까지 자신이 할 수 있는 최선을 다한다면 성공도 결코 멀리 있지 않을 것이다.

그렇다면 결론은 명약관화明若觀火했다. 나는 문구 제조업을 하면 되는 것이었다. 마침내 내 사업을 하기 위한 결단을 내렸고, 이를 곧바로 현실로 실현하기 위해 나는 치밀한 준비작업에 들어갔다.

혁신경영을 위한 세계적 리더들의 조언

· 시련이지 실패가 아니다.
· "이봐 채금자(책임자), 해봤어?"
· 고정관념이 사람을 멍청이로 만든다.
· 나는 그저 부유한 노동자에 불과하다.
· 머리는 쓰라고 얹어 놓고 있는 것이다.

– **정주영** 회장의 어록

인정승천人定勝天의 도전정신

미국에서 출간된 이후 뉴욕타임스 190주 연속 베스트셀러를 기록한《영혼을 위한 닭고기 수프》의 공저자 마크 빅터 한센은 다음과 같이 말했다.

"우리 삶에는 두 가지 문이 있다. 하나는 기회의 문이고 다른 하나는 안전의 문이다. 안전의 문으로 들어가면 둘 다 놓치고 만다. 물가에서 머뭇거리지만 말고 물속으로 뛰어들어야 한다. 그것도 머리부터 거꾸로! 위험이 항상 도사리고 있지만, 당신을 뛰어오르도록 돕는 친구가 있다면 위험은 별 게 아니다."

여러분이라면 무엇을 선택하겠는가? 기회의 문? 안전의 문?

언뜻 생각하면 대다수가 기회의 문을 선택할 것 같지만 예상외로 많은 사람들이 안전의 문을 선택한다고 한다. 괜한 도전을 하여 쓰라린 실패를 맛보는 것보다는 안전한 현실을 택하는 사람들이 많다는 의미이기도 하다.

내가 선택한 것은 기회의 문이었다.

지나온 날들을 되돌아보면 나는 장사를 하거나 사업을 하거나 대부분 안락한 현실에 안주하기보다는 위험하더라도 도전하는 쪽을 선택해 왔던 것 같다.

타고나기를 긍정적인 성격 덕도 있지만, 일단 목표로 한 것은 무슨 일이 있어도 이루고야 만다는 투지와 열정, 그리고 자신감이 있었기 때문이다.

또 한 가지, 나는 언제 어느 때든 변화할 준비가 되어 있었다. 변화가 두렵지 않았다. 위기는 준비하지 않은 자에게는 고난으로, 준비한 자에게는 기회로 다가온다고 했다. 그것이 성공이든 실패든 분명 내 삶에 있어 고난이 아닌 기회가 되리라 믿었고, 그렇게 만들기 위해 하루도 헛되이 보내지 않았다.

더군다나 내게는 이런 내 선택을 처음부터 끝까지 존중해 주고 위험을 뛰어넘을 수 있게 도와준 든든한 아군인 아내가 있었다.

그러나 위험은 언제 어디서나 도사리고 있었다.

그동안 내 사업을 하기 위해 차곡차곡 저축하여 만반의 준비를 해놓은 상태에서 IMF가 터지고 국가부도 위기에 처한 것이다. 당시의 상황은 무척 절박했다. 지금까지도 국민의 절반 가까이가 1997년 IMF 금융위기를 한국경제의 가장 어려웠던 시기로 꼽을 정도다.

우리나라는 졸지에 국제적으로 550억 달러의 빚을 진 채무국가가 되었고, IMF는 우리나라에 가혹한 경제 구조조정을 요구했다.

이로 인해 기업들이 무너지고 은행들이 도산했다. 수많은 주식들이 휴지 조각이 되었고, 일자리를 잃은 가장들이 가족 몰래 양복을 입은 채 산에 갔다가 퇴근하는 '등산출근 현상'이 언론에 보도되기도 했다.

하루가 멀다 하고 이름 꽤나 들었던 회사들이 픽픽 쓰러져가는 것을 보니, 사업이라는 것이 얼마나 어려운 것인지 실감할 수 있었다. 새삼 겁이 나기도 했다.

그러나 나는 위기 속에서 기회를 잡기로 결심하였다. 당시 부도가 난 K사 계열의 영문구 인수 계획을 세운 것이다. 그동안 차근차근 준비해 왔기에 가능한 일이었다. 영문구는 1공장, 2공장에 직원이 380명 정도가 있는 규모가 상당히 큰 회사였다.

사업 경험도 없이 제조업을 처음 시작하는 마당에 이렇게 큰 회사를 인수하려고 하니 주변 사람 모두가 하나같이 무모하다고 입을 모았다. 유통업과 달리 제조업은 과정부터 너무 복잡하고 생각처럼 그렇게 호락호락한 것이 아니라면서.

일단 결정 내린 것에 대해선 뒤돌아보지 않는 성격이지만 이때는 나도 슬그머니 겁이 났다. 그래서 돌다리도 두드리고 건넌다는 심정으로 당시 대기업 산하의 건설회사 대표이사인 친척 어른을 찾아뵙고 자문을 구해 보기로 했다.

워낙 바쁘신 분이라 약속을 잡는 것부터 힘들었다. 겨우 약속을 잡고 선물을 준비하여 아내와 함께 강남에 있는 친척 어른 댁으로 향했다. 친척 어른이고 현직 대표이사를 맡고 계신 분이라 의견을 여쭙기 위해 어렵게 찾아뵙기로 한 것이다.

잔뜩 긴장한 채로 집으로 들어섰는데 그야말로 입이 쩍 벌어졌다. 집 안이 넓기도 넓은 데다 으리으리했기 때문이다. 그 분위기에 압도되어 기가 죽은 채로 그간의 일을 설명해 드렸다.

묵묵히 듣고 계시던 친척 어른이 조심스럽지만, 단호하게 말씀하셨다.

“아니, 대기업도 넘어가니 마니 하는 이 시국에, 나라도 부도가 난 판에, 사업에 아무 경험도 없는 자네가 덜컥 회사를 인수하면 그게 잘되겠나?”

격려보다는 쓴소리에 가까웠지만 달리 생각하면 가장 객관적인 평가였던 것 같다. 아무래도 현직에 계시다 보니 현실적인 걱정이 먼저이셨으리라.

긍정적인 대답을 기대했던 우리 내외로서는 맥이 탁 풀렸다. 친척 어른 댁에서 나와 집으로 돌아가는 길이 어찌나 멀고 길게만 느껴지던지… 아내와 나는 한마디 말도 없이 각자 딴 데만 쳐다보고 있었다.

그러나 또 한편으로는 가슴 밑바닥에서부터 오기가 솟아났다.

‘나라가 부도났으면 계속 부도가 날 것인가? 지금이 최대 위기라면 그 위기를 기회로 삼아 반드시 성공하고 말 테다. 그리하여 부도난 경제를 일으켜 세우리라.’

나는 처음 생각했던 대로 영문구를 인수하기로 마음을 굳혔다. 큰 산을 오르려면 큰 계곡을 넘어가야 한다. 큰 바다에 나갈수록 파도도 거세진다. 더 큰 세상에 나가는 것이 위험하다고 여기서 멈추면 결국에는 아무것도 할 수 없으리라. 큰일을 도모하면서 위험을 맞닥뜨리지 않는 경우가 어디 있겠는가. 큰 꿈을 꾸는 것은 곧 큰 위험을 기꺼이 맞이하겠다는 각오를 하는 것과 같은 것이다.

이 일을 계기로 한 번 더 각오를 다졌고, 내가 평소에 좋아하는 '인정승천人定勝天' 네 글자를 가슴 깊이 새겼다. 사람이 마음을 정하면 하늘도 이긴다. 사람이 정해져 있는 운명을 이긴다. 더 죽을 각오로 더 노력하면 어떤 어려운 일이라도 극복할 수 있다고 굳게 믿으면서.

삶이란 우리 인생 앞에 어떤 일이 생기느냐에 따라 결정되는 것이 아니라, 우리가 어떤 태도를 취하느냐에 따라 결정된다고 생각한다. 운명보다 더 중요한 것이 그것을 바라보는 태도와 자세이다. 태도와 자세에 따라 운명도 바뀔 수 있기 때문이다.

전진하지 않는 것은 뒤로 물러나고 있는 것과 다를 바 없다. 세상은 끊임없이 전진한다. 따라서 지키려고 하는 사람은 현재의 위치를 결코 지킬 수 없다.

실패가 두렵다 하여 앞으로 나아가는 도전 대신 제자리에 안주하려는 마음이 나는 더 두렵다. 이것이 내가 영문구 인수 결단을 내리게 된 가장 큰 이유였다.

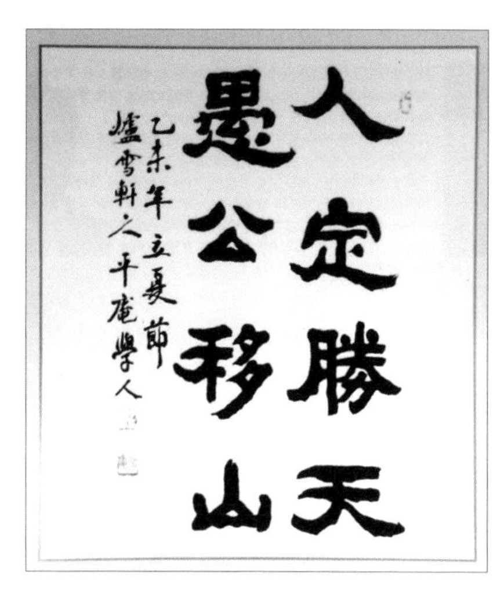

로설헌 이현준 서예가 작품

혁신경영을 위한 세계적 리더들의 조언

· 남들이 욕심을 낼 때 두려워하고, 남들이 두려워할 때 욕심을 내라.
· 회사가 가장 어려운 시기에 있을 때가 회사를 사야 하는 가장 좋을 때다.
· 10년 이상을 볼 것이 아니면 10분도 갖고 있지 말라.
· 명성을 쌓는 데는 20년이라는 세월이 걸리지만 명성을 무너뜨리는 데는 5분도 걸리지 않는다.
· 하느님도 그렇지만 시장은 스스로 돕는 자를 돕는다.

– **워렌 버핏**의 어록

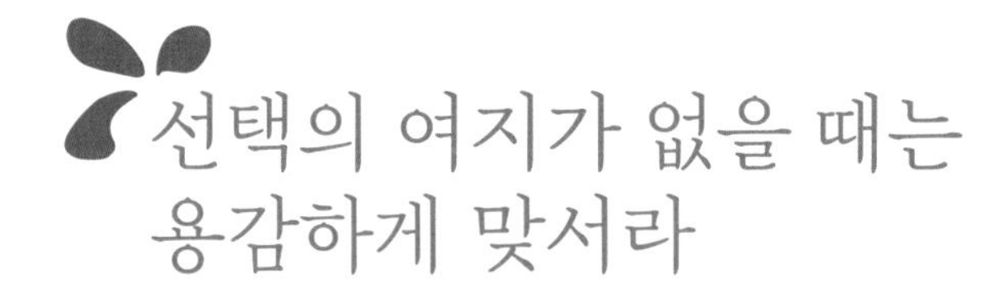

선택의 여지가 없을 때는 용감하게 맞서라

"뛰어난 사람은 도를 들으면 힘써 행하려 하고,
어중간한 사람은 도를 들으면 이런가 저런가 망설이고,
못난 사람은 도를 들으면 크게 비웃는다.
이런 까닭에 웃음거리가 되지 않는 것은
도라고 할 수 없다."

- 노자의 《도덕경》

남들이 하지 않은 새로운 시도는 늘 무모해 보이고, 그만큼 비웃음을 사기 쉽다. 그러나 세상은 그런 비이성적인 사람들에 의해 발전되어 왔음을 간과해서는 안 된다.

그래서 나는 진정한 리더란 욕을 먹을 줄도 알아야 한다고 생각한다. 한 사람도 빠짐없이 모든 사람을 만족시키는 건 불가능하다. 그렇기에 모두를 만족시키려고 시간을 끄는 리더는 결과적으로 조직을 실패로 이끌게 되어 오히려 모두로부터 비난을 받게 된다. 리더라면 단기적 평가가 아닌 장기적 관점에 집중하면서 옳은 일을 위해 집중할 줄 알아야 한다. 그렇게 해야 회사도 발전할 수 있다.

제조업을 하기로 결심을 굳히고 인수 작업에 나섰을 때 나는 더 뼈저리게 느꼈다. 백이면 백 사람을 모두 만족시키는 것이 얼마나 어려운 일이며, 만약 만족시킨다 해도 그것이 꼭 옳은 결정은 아니었음을 말이다. 그렇게 꿈에 그리던 내 사업을 처음 시작할 때부터 유통업을 할 때는 경험해 보지 못한 문제들과 맞닥뜨렸다.

첫 번째 문제는 인수하기도 전에 공장부터 돌린 것이었다.

회사 부동산이나 자산은 경매를 통해야 내 것이 될 수 있는데 그렇게 되려면 시간이 더 필요했다. 그때까지 손 놓고 마냥 기다릴 수도 없는 일이었고 우선은 공장부터 돌리는 것이 급선무였다. 공장을 돌리려면 당연히 자재가 필요하고, 자재를 구입하려면 당연히 자금이 필요했다.

그래서 이 기간 동안 어려움이 무척 많았다. 괜히 이러다가

일단 한 발 물러서서 냉정을 되찾은 내가 그들을 둘러보며 말했다.

"여러분 입장은 충분히 이해합니다. 시국이 이렇다 보니 걱정이 앞서는 것도 당연합니다. 그러나 저는 이 회사를 인수하기 전에 수많은 사전 조사와 준비를 해놓고 작업을 진행해 왔습니다. 이런 저를 여러분께서 끝까지 못 믿겠다 하면 저도 여기서 바로 손을 떼겠습니다. 그때는 여러분 생각대로 능력 없는 저보다 더 능력 있는 자본가를 찾으십시오."

부드러운 어투 속에서도 강단이 느껴졌는지 순식간에 분위기가 일변했다. 강강약약强强弱弱, 즉 강자에겐 강하고 약자에겐 약한 것이 내 스타일임을 몰랐던 것이리라. 나는 말이 끝남과 동시에 몸을 홱 돌려 출입문으로 향했다.

그러자 그때까지 강압적인 태도로 일관하던 그들이 당황스러워하는 기색이 역력했다. 그러면서 몇 명이 내 팔을 붙잡았다. 그런데도 내가 그냥 뿌리치고 나오니까 다급해진 그들이 나를 붙잡아 세웠다.

사실 내가 이쯤에서 손을 떼겠다고 단호하게 말한 데에는 이유가 있었다. 절대 회사 인수를 포기한 것이 아니었다.

이쪽에서 먼저 강력하게 부정적인 자세를 취하면 당황한 그들이 오히려 내게 매달릴 것임을 예측하고 있었다. 철저한 사전 조사를 통해 현재 상황에서 이 회사는 나 아니면 인수할 사람이 없다는 것을 확신하고 있었기 때문이다.

내 예상은 그대로 적중하였다. 이 기회에 노조 측으로부터 확실하게 다짐을 받기 위해 한 번 더 강하게 밀어붙였다.

"여러 말 하실 필요 없습니다. 제 입장은 명확합니다. 지금이 어떤 때입니까? 나라가 부도가 나 있는 상태라서 기업들이 픽픽 쓰러져 나가고 있지 않습니까? 이 회사보다 좋은 회사들도 매물로 나와 있는 것이 얼마든지 많습니다. 저로서는 이 회사가 안 된다고 하면 다른 회사를 찾으면 됩니다. 그러니 여러분께서 제가 제시하는 조건을 백 퍼센트 수용하지 않겠다면 회사 인수는 없던 일로 하겠습니다. 여러분 회사이므로 여러분께서 알아서 하시면 됩니다."

내가 내건 조건이 수용되지 않으면 인수를 안 하겠다고 딱 잘라서 말하니 그제야 노조 측에서 한 가지, 한 가지씩 뒤로 물러서기 시작했다. 그러나 여전히 백 퍼센트 수용하겠다는 것은 아니었다.

그래서 한 번 더 초강수를 두었다.

"저는 아이들 장난하는 것처럼 이렇게 밀고 당기고 왔다 갔다 하는 것은 성격상 맞지 않습니다. 그러니 말로만 알았다 하지 말고 제 조건을 모두 수용한다는 각서를 쓰십시오. 그렇지 않으면 회사 인수는 깨끗이 포기하겠습니다."

상황이 자신들이 의도하는 대로 돌아가지 않자, 이번에는 내게 자금이 들어 있는 통장을 보여 달라고 했다. 물론 노조 측으로서는 회사가 부도가 났으니 알만 빼먹고 내빼는 경우도 생길 수 있기에 그러한 것을 미연에 방지하고 싶어서였을 것이다. 그들의 입장도 어느 정도는 이해가 되었다. 내가 차분히 대답했다.

"제 신용과 관련된 문제라면 여러분께서 직접 대리점을 통해서 정보를 알아보십시오. 문구업계에서 이상배라고 하면 알 만한 사람은 다 알 것입니다."

이 일이 있고 난 후 노조 측에서 실제로 전국 대리점을 통해 나에 대해 알아본 모양이었다.

나는 지금까지 장사를 해오면서 신용 하나로 이 자리까지 다다른 사람이다.

예를 들어 결제할 때 나는 항상 받을 것보다 줄 것을 먼저 계산했다. 아내가 소매점을 관리할 때부터 그러했다. 자기앞수표를 발행할 때에도 보통은 끝 단위는 자르고 주기가 쉬우나, 나는 일 원 단위까지 정확히 끊어 봉투에 넣어 주곤 했다. 내가 받을 돈은 제때 못 받아도 내가 줄 돈만큼은 단 한 번도 날짜를 어긴 적이 없다.

이렇게 한 것은 남을 위해서가 아니었다. 나를 위해서였다. 이 자기앞수표보다 내 이름 석 자가 더 보증수표임을 세상에 알린 것이다. 그렇게 지금까지 신용을 목숨처럼 지키고 살아 왔다.

그런 나를 곁에서 지켜본 대리점 사람들이었으니, 노조 측에서 문의했을 때 하나같이 내게 도움을 주는 대답만 할 수밖에.

"이상배 사장은 문구업계에서 無에서 有를 창조한 사람입니다. 자신이 한 약속은 한 번도 어긴 적이 없고 그 때문에 신용만큼은 보증할 수 있습니다. 충분히 여러분 회사를 인수하여 운영할 능력과 실력을 겸비한 사람입니다."

선택의 여지가 없을 때는 용감하게 맞서라 했다. 피하지 않고 포기하지 않고 걸림돌이 되는 문제에 정면으로 맞서면 처음에는 풀리지 않던 일도 좋은 결과를 가져올 수 있다.

자신의 위치는 자신이 만드는 것이다. 성실하게 어제를 살아냈다면 오늘 그 결과를 얻을 수 있고, 그 오늘이 차근차근

쌓여 더 빛나는 내일을 만들어 갈 수 있다.

노조 측에서 내 신용에 관한 검증이 끝나고 나자 회사 인수가 급물살을 탔다. 그리고 마침내 내가 원하던 대로, 1998년 5월 주식회사 포커스를 설립하게 되었다.

CEO로서의 첫걸음은 쉽지 않았으나 미래를 향한 확실한 한 걸음이었다.

새 술은 새 부대에

나는 헤르만 헤세의 소설 《데미안》에 나오는 구절을 좋아한다.

"새는 알에서 나오려고 발버둥 친다. 알은 새의 세계다. 태어나려고 하는 자는 하나의 세계를 깨뜨리지 않으면 안 된다."

대체로 변화보다는 안정을 추구하는 것이 인간의 본성이다. 그러나 현실에 안주해서는 새로운 기회를 찾기 어렵다. 새가 알에서 나오기 위해 하나의 세계를 깨뜨리는 것, 그것이 변화이자 혁신이다.

따라서 인간 본성을 거슬러 변화와 혁신을 시도하는 기업이 경쟁력이 더 있고 성공할 확률도 더 높다.

변화와 혁신에 성공한 기업들은 새로운 사업에서 또 한 번의 재도약을 노린다. 주력 사업과 체질을 바꿔 완전히 다른 기업이 된 것이다. 글로벌 기업 중 성공적인 변화와 혁신을 이루어 낸 대표적인 기업으로는 IBM과 아마존을 들 수 있다.

한때 세계 최대 컴퓨터 업체로 불린 IBM은 대형 컴퓨터에서 개인용 컴퓨터PC로 급변하는 시장의 변화를 읽지 못해 컴퓨터 시장을 내주고 말았다. 위기의 IBM을 일으켜 세운 것은 과감한 체질 개선이었다. 하드웨어에 집중하던 노선을 과감히 수정해 서비스 회사로 탈바꿈하고 컴퓨터에 관한 모든 서비스를 받을 수 있는 토털 솔루션 업체로 변신했다.

조직 체질도 바꿨다. 전 세계에 산재한 조직을 하나로 묶어 단일 조직으로 만들었다. 이로써 IBM은 서비스, 컨설팅, 소프트웨어를 아우르는 세계 최대 기업으로 성장하였다.

온라인 서점 아마존은 설립 20년이 지난 현재 미국 최대 전자상거래 기업으로 성장했다. 아마존은 창업 초기에는 연평균 300%에 가까운 매출성장률을 보였다. 하지만 2000년대 초반 IT 버블이 꺼지면서 위기를 맞았다.

아마존이 위기를 극복하고 성장할 수 있던 비결은 주력 사업과 연관된 신사업을 추진하는 등 꾸준히 사업 확장을 시도

했기 때문이다. 본업인 전자상거래 분야 위주로 확장을 거듭하는 한편, 유통을 중심으로 사업을 전방위로 확대해 나간 것이다.

내가 내 첫 사업을 시작할 때도 우리 회사에 변화와 혁신이 필요하였다.

정식으로 인수하기 전부터 노조와의 줄다리기가 있었고, 내가 제시한 조건을 노조 측에서 백 퍼센트 수용하겠다는 약속을 했음에도 불구하고, 정식 인수 후에도 계속 충돌이 생겼다.

나는 오래전부터 내 사업이라는 원대한 목표를 세우고 그것이 마침내 이루어졌는데도, 어찌 된 일인지 어느 것 하나 내 의사대로 순탄하게 진행되는 것이 없었다. 나라 경제도 어려울 때이므로 더 열심히 일해 좋은 제품을 생산하여 수출하게 되면 국익에도 보탬이 될 터인데, 그런 것과는 상관없이 노조 측에서 툭하면 발목을 잡았다.

계속 충돌하게 되니 어느 날 노조 측에 속해 있는 과장 이상부터 부사장까지 사직서를 들고 나를 찾아왔다.

회사를 맡고 처음으로 내 결단이 필요한 순간이었다. 더 이상 보신주의에 급급한 기득권 세력의 행태를 두고 볼 수만은 없었다. 당연히 이들이 없으면 공장은 돌아가지 않는다. 그들도 그 점을 알고 있기에 배짱 아닌 배짱을 부리는 것이다.

내가 앞으로 경영을 해나감에 있어 무척 중요한 순간이었다. 회사 경영을 노조에 맡기느냐, 내가 CEO로서 제대로 경영해 나가느냐, 그 선택의 기로에 선 것이다.

그날 꼬박 밤을 새우며 어느 쪽을 선택하는 것이 과연 회사 발전에 더 도움이 되는지에 대해 숙고했다. 모든 가능성을 열어두고 하나씩 위험 요소들을 제거해 나가니 결론이 나왔다.

"If you can do it, I can do it!"

이것이 나의 결론이었다. 당신이 할 수 있으면 나도 할 수 있다. 당신들도 할 수 있는데 나라고 왜 못하겠는가!

결론을 내린 후에는 즉시 실행으로 옮겼다. 그들의 사표를 모두 수리한 것이다. 아마도 노조 측에서는 수리가 안 될 것이라고 생각했을 것이다. 새로 온 CEO를 길들이기 위한 카드로 내민 사표였을 테니까.

나는 한 달 정도 기간을 남겨두고 사표를 낸 직원들에게 말했다.

"한 달치 월급은 다 주겠으니 내일부터 나오지 마십시오."

내가 이렇게 강경한 태도를 취한 것은 이미 사표를 낸 직원들이 일은 뒷전으로 밀어두고 자리만 지키고 있었기 때문이다. 그들이 자리만 지키고 있어봤자, 회사에 도움이 될 것은 하나도 없었다.

이 일이 있고 난 후 직원들이 정말로 출근을 하지 않았다. 그러자 업계에서는 다들 "포커스는 이제 끝났다. 새로 온 CEO가 직원들과 대치하다가 직원들이 모두 그만두었다."라는 소문이 났다.

나는 그런 소문에도 개의치 않고 내 소신대로 밀고 나갔다.

과장 이상 직원들의 사표는 모두 수리한 대신 대리 이하 직원들을 모두 진급시킨 것이다. 그리고 주위 인맥을 통하여 새로운 인물들을 영입했다. 그런데 이 사람들도 이전 사람들과 크게 다를 것이 없었다.

한참을 또 숙고한 끝에 내가 직접 뛰어들어서 참신한 인재들을 뽑기로 했다. IMF 시절이었기 때문에 넘어간 회사는 많았어도 다행히 인재들은 넘쳤다. 그래서 좋은 인재들을 공채로 뽑아 우리 회사에 입사시킬 수 있었다.

이런 일을 경험하면서 절실히 느낀 것이 '새 술은 새 부대에 담아야 한다.'였다.

사람들은 보통 작은 문제는 과거와 같은 형식으로 해결하려고 한다. 하지만 과거 방식으로는 안 된다고 생각할 때 과거를 버릴 용기가 생기고, 새로운 독창성을 발휘하게 된다. 따라서 거대한 변화는 항상 위기에 의해 촉발된다. 달걀은 스스로 부화하면 닭이 되지만 남에 의해서 깨지면 프라이밖에 더 되겠는가.

중요한 변화가 찾아왔을 때는 과거와 작별하는 시간이 필요하다. 잘나갈 때 스스로 과거와 작별하는 시간을 의도적으로 가질 수 있어야 한다. 이것은 변화의 시대를 살아가는 조직과 개인 모두에게 필요한 투자이다. 그래야 우리도 제2의 IBM, 제2의 아마존이 될 수 있다.

회사를 시작하자마자 위기를 맞았지만 나는 물러서지 않았고, 그 위기를 회사가 변화하고 발전할 수 있는 기회로 만들고자 했다.

누구나 할 수 있는 일보다는 누구나 할 수 없는 일을 하라

미국의 기업가이자 세계적인 투자가인 워런 버핏의 아내 수지 버핏은 CNBC와의 인터뷰에서 남편이 그녀에게 해준 말을 소개했다.

"나쁜 사람과는 좋은 거래를 할 수 없다."

직장 상사와 동료, 종업원, 투자자 등 누구와 거래를 하든 상관없이, 약속을 잘 지키고 진실한 사람과의 거래가 항상 좋은 결과를 만드는 것이다.

그동안 경험해 보지 못한 새로운 세상에 발을 디디게 되면 미래를 정확히 예측하기가 쉽지 않다. 그러나 이미 출발신호가 울렸기 때문에 머뭇거릴 시간이 없다. 백 퍼센트 확신이 서지 않더라도 일단 뛰어야 한다.

원래부터 일이라는 것은 불확실한 정보에 의한 의사결정의 연속이다. 처음부터 정확한 지도를 들고 잘 닦인 길을 걸어가면 고생도 덜하겠지만 그만큼 얻는 것도 적어진다.

어느새 우리 일상의 필수품이 되어버린 스마트폰이나 내비게이션을 떠올려 보자. 유선전화를 쓸 때는 가까운 이들의 전화번호 정도는 외웠다. 내비게이션이 없을 때는 표지판만 보고도 길을 찾을 수 있었다. 그러나 지금은 어떠한가. 편리해진 만큼 잃는 것도 많다.

선택의 상황에서 승률이 60% 이상이면 더 이상 재지 말고 과감한 베팅을 하는 것도 좋은 방법이다.

당시 나에게 있어 과감한 베팅이란 특별한 것이 아니었다. 더 공부하고 더 발로 뛰어 현실에 안주하지 않고 미래에 도전하는 것, 그리고 누구나 할 수 있는 일이 아닌 누구나 할 수 없는 일을 스스로 찾아서 해내는 것, 그것뿐이었다. 어찌 보면 장사를 할 때나 경영을 할 때나 별반 다를 게 없었다.

회사 조직을 쇄신하고 나니, 처음에는 톱니바퀴가 잘 맞물려 돌아가지 않았다. 그래서 웃지 못할 해프닝들이 일어났다.

한번은 영국 웹이라는 회사로 가야 할 제품이 프랑스 까르푸라는 회사로 잘못 간 일이 있었다. 엄청나게 큰 실수였다.

제품을 수출하게 될 때는 먼저 오더를 받아서 오더를 내린 회사와 계약을 하게 된다. 그러면 그 회사에서 LC(letter of credit, 신용장)를 열어주든가 TT(Telegraphic Transfer, 전신환) 송금을 해주고, 그렇게 해서 사인을 하게 되면 돈을 받고 제품을 생산한다.

주문을 한 영국 웹에서는 이미 대금을 다 지불했는데 물건이 오지 않으니 난리가 날 수밖에 없었다.

회사가 이제 겨우 정상궤도에 올라섰는데 이런 초보적인 실수를 하다니…. 담당 직원들을 문책해 봤자 상황이 달라지진 않는다. 한시라도 빨리 해결방안을 찾아내는 것이 급선무였다. 내가 경영자로서 첫 시험대에 선 것이나 마찬가지였다.

나는 이 문제를 일주일 만에 해결하였다.

당시만 해도 유럽 회사에서 오더를 받게 되면 납기까지 대략 두 달이 소요되었다. 비행기가 아닌 배로 보냈기 때문이다. 지금도 비행기로 제품을 보내는 것은 반도체나 스마트폰밖에 없는데 그때는 오죽했겠는가. 비용이 엄청나기도 하지만 전례가 없었기에 대부분의 수출제품들은 배로 보내는 것이 통례였다.

그런데 내 생각으로는 비용이 문제가 아니었다. 얼마가 들더라도 하루라도 빨리 웹 측에 우리 물건을 보내주어야 했다. 전적으로 우리 측 실수이므로 회사의 신용도가 달려 있는 일이었다. 결국 나는 돈이 얼마가 들더라도 배 대신 비행기에 적재하여 보내기로 결정하고, 곧장 대한항공과 협의하여 화물기 한 대를 전세 내었다.

당연히 어마어마한 운송비용이 발생했다. 우리 제품 전체 가격보다 운송비용이 훨씬 더 들었으니, 힘들게 수출을 하고도 마이너스가 된 것이다.

비록 손해는 보았으나 우리 측 실수를 인정하고 적절한 조치를 취했기 때문에 영국 웹사에게도 얼굴을 들 수 있었고, 회사 신용에도 금이 가지 않을 수 있었다.

그때만 해도 전무후무한 일이었기에 바이어에게도 인상 깊었던 것 같다. 일주일 만에 문제가 해결되자 바이어가 내게 물었다.

"당신은 대체 이런 아이디어가 어디서 나오는가? 우리로서

는 상상도 못 할 일이다. 제품가격보다 비행기 화물요금이 더 많이 나오지 않았는가?"

내가 회심의 미소를 짓고 대답하였다. 내 작전이 성공했기 때문이다.

"누구나 할 수 있는 일보다는 누구나 할 수 없는 일을 해야지 당신들 머리에 딱 박히지 않겠는가. 돈 계산, 이익 계산을 하지 않고 우리가 잘못한 것은 철저하게 책임지고 상대 회사에 피해를 주지 않는 것이 상거래가 아니겠는가?"

이렇게 대답하니 무척 감동한 듯 진담 반 농담 반으로 내게 말했다.

"당신, 우리 회사 CEO가 되는 건 어떠냐?"

《논어》 위정爲政에도 신의에 대한 좋은 글이 있다.

"인이무신人而無信, 부지기가야不知其可也. 대거무예大車無輗 소거무월小車無軏, 기하이행지재其何以行之哉."

즉, "사람으로서 신의가 없으면 그 사람이 사람 구실을 할지 알 수가 없다. 큰 수레에 수레 채잡이가 없고, 작은 수레에 멍에막이가 없으면, 그 수레가 어찌 운행할 수 있겠는가."라는 의미다.

신의가 있으면 설사 일이 잘못되더라도 문제가 되지 않는다. 사람이 하는 일에 실수가 있을 수 있다고, 주위 사람들이 용서하기 때문이다. 그러나 신의가 없으면 일을 제대로 해도 의심의 눈초리로 꼬투리를 잡게 되어 있다. 우선은 옳은 일 같지만 나중에 그 일이 나쁜 일이 될 것임을 사람들은 알고 있기 때문이다. 다시 말해 모든 것의 시작과 끝은 서로 믿을 수 있는 것, 즉 신의가 중요한 것이다.

나는 장사도 마찬가지지만 회사도 기본이 되어 있어야 한다고 생각한다.

당장 손해가 나더라도 더 멀리 보면 그것이 바로 미래에 대한 투자이다. 특히 거래 관계에 있어서는 정말 신의보다 중요한 것이 없다.

언제나 나는 현재에는 피해를 보더라도 거래처에 대한 신의를 지키면 미래에는 백 배 이백 배 이익을 가져다준다고 믿고 있다. 서로 간의 신뢰야말로 무엇과도 바꿀 수 없는 비즈니스의 생명이기 때문이다.

그리고 상대에게 신뢰를 심어줄 수 있다면 내가 막심한 손해를 보더라도 이보다 더한 것도 해야 한다고 생각하는 것이 나의 경영철학이다.

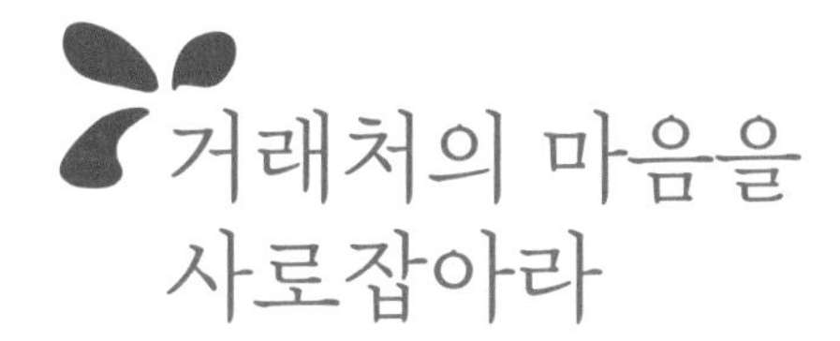

거래처의 마음을 사로잡아라

"실패하는 것을 두려워하지 말고,

아무것도 하지 않는 것을 두려워하라.

성공은 99%의 실패에서 나온 1%의 성과다."

- 혼다 소이치로

혼다의 창업자인 혼다 소이치로는 평범한 대장장이의 아들로 태어나 자동차 수리공을 거쳐 일본 비즈니스계의 영웅으로 올라선 입지전적 인물이다. 이윤을 극대화하기보다 평생 기술개발에 더 몰두해 그에게는 '진정한 기술자'라는 수식어가 따라붙는다.

혼다가 전국 공장을 방문했을 때의 일이다. 악수를 주저하는 직원의 손을 그가 먼저 움켜쥐며 이렇게 말했다. "괜찮다네. 기름 묻은 손이면 어떠한가. 나는 기름 냄새를 세상에서 제일 좋아한다네."

한 기업의 CEO로서 인간적인 면모까지 갖추고 있는 그는 차근차근 밑에서부터 올라와 꿈을 이루고, 실패해도 또다시 도전하여 세계적 기업을 만들어 낸, 내가 본받고 싶어 하는 몇 안 되는 일본 기업인이다.

회사 인수 초창기에는 어려움이 참 많았다. 그도 그럴 것이 제조업에 대한 경험도 없었지만 우리 회사의 주요 품목인 앨범에 대해서도 잘 몰랐기 때문이다. 그래서 나는 이 시기에 제조업의 특수성을 감안하여 경영 공부에 몰두하는 한편, 직접 몸으로 부딪쳐 난관을 돌파해 나가는 정공법을 택하였다.

또한 비교적 젊은 나이에 회사를 인수하다 보니 거래처에서 방문하시는 분들이 회사 대표는 나이가 있으리라는 관념 때문인지, 나 대신 연륜이 있어 보이는 임원진에게 "대표님" 하고 인사하는 웃지 못할 일도 자주 일어나곤 했다.

1999년 7월, 일본에 수출할 때였다.

일본의 S사가 우리 회사에 상당히 많은 양의 제품을 주문하였다. 지나고 나서 생각해 보니 일부러 나를 시험해 보려고 계획적으로 오더를 내렸던 것 같다.

어쨌든 그 주문량이 어마어마했다. 40피트 컨테이너 중에서도 제일 큰 40피트 하이큐빅 12개 컨테이너에 가득 찰 물량이었다. 이 많은 양을 생산해서 한꺼번에 납기를 한 것이 아니라 두 달에 걸쳐서, 한 달에 6개 컨테이너씩 두 번에 걸쳐 보냈다.

그런데 우리 회사의 마지막 12번째 컨테이너가 도쿄항에 도착하는 순간, S사에서 클레임을 걸어왔다. 전혀 생각지도 못한 일이라 무척 당혹스러웠다.

게다가 클레임을 건 이유도 우리 회사로서는 이해할 수 없는 것이었다. 클레임을 걸 때는 수량이나 품질, 포장 등에서 계약위반 사항이 있어야 하고, 자신들의 품질기준에 못 미쳤음을 입증해야 한다. 수많은 제품 중 품질기준 섹터에 속하는 게 있고 아닌 게 있는데, 실제로 눈으로 보고 골라내기란 불가능하다. 겉으로는 표시가 나지 않기 때문이다.

우리 눈에는 보이지 않는 결함이 일본 S사의 눈에만 보이는가 보다. 그러니 우리 입장에서는 이해가 되지 않을 수밖에.

그래서 과거 데이터를 찾아보니 이번에 보낸 제품들보다 훨씬 품질이 떨어졌는데도 과거에는 아무 문제 없이 양품으로 받아주고, 이번에 보낸 것만 문제 삼아 클레임을 걸어온 것이다. 클레임을 건 기준이란 것도 귀에 걸면 귀걸이 코에 걸면 코걸이였으니, 우리 회사로서는 굉장히 억울할 수밖에 없었다.

나는 사업을 하게 되면서 각 나라의 문화와 서로 얽혀 있는 역사가 무척 중요한 것임을 깨닫게 되었는데, 이번 클레임 건도 그런 종류의 것이라고 생각한다. 일본 입장에서는 과거 우리를 지배한 역사가 있었기에 자기들보다 우리를 한 수 아래로 본 것이다. 게다가 회사 사장이 바뀌었으니 길도 들일 겸 있지도 않은 문제를 만들어 클레임을 걸어온 것이라고 생각되었다.

어쨌든 이 소식을 듣자마자 나는 무역부 직원과 현장 공장장 등 5명과 함께 일본으로 날아갔다. 도착한 즉시 혹여라도 품질기준에 못 미친 제품이 있었는지 이런저런 검사를 해봤으나, 특별히 우리 제품의 결함은 발견되지 않았다. 그제야 나도 이들의 속셈을 확실히 알아차렸다.

'아하, 그렇구나. 너희들이 지금 내게 양수겸장兩手兼將을 치려 하는구나. 즉 코에 걸면 코걸이 귀에 걸면 귀걸이인 품질기준 미달이라는 명분 아래, 클레임을 걸면서 길도 들이고 가격도 반값으로 내려치려고 하는구나.'

이런 내 예상은 적중했다. 협의를 하러 나온 S사의 무역부 직원의 뉘앙스만으로도 충분히 알 수 있었다.

“가격을 반 정도로 깎아주고, 품질에 관한 부분에서도 앞으로는 정확히 제품 생산을 하겠다는 각서를 써주십시오.”

우리를 아래로 놓고 보는 일본 측 태도에 분통이 터졌지만, 일은 일이다. 내가 지금 어떻게 결정하느냐에 따라 우리 회사의 명운이 달려 있는 것이다.

두 시간 정도 숙고한 후 일본 측에 딱 잘라 말했다.

“저희 책임이니, 싹 다 반품을 받겠습니다.”

내 말을 듣는 순간 일본 담당자의 얼굴이 새파랗게 질렸다. 보통 중소기업으로서는 할 수 없는 일이었기 때문이다.

분명히 이들에게도 시나리오가 있었을 것이다. 한꺼번에 오더를 줘서 꼬투리를 잡아 가격을 후려치는 것 한 가지, 그리고 또 다른 한 가지로 반품을 받는다는 가정하에서도 생각해 봤을 것이다. 그래도 ‘설마 반품을 받겠어? 손해가 얼만데. 그러니 우리 조건대로 가격을 깎아주겠지.’ 했을 것이다.

전량 반품을 하게 되면 피해 금액이 엔화로 1억 엔 정도였다. 우리나라 돈으로는 10억 정도를 고스란히 날리게 되는 것이다. 절대 쉽게 내릴 수 있는 결정이 아니었다.

새파랗게 질려 있던 일본 담당자가 황급히 말했다.

"아니, 그렇게까지 할 필요는 없고 2개 컨테이너는 정상 가격으로 사겠습니다."

S사 입장에서도 당장 주문받아 놓은 제품을 판매해야 하는데, 내가 다짜고짜 모두 반품을 받는다니 곤란할 수밖에 없었다.

"그건 또 무슨 말입니까? 대체 당신들의 품질기준은 무엇입니까? 정확한 품질기준도 없고! 지금 이러는 것은 내 가슴에 대못을 박는 것과 마찬가지입니다. 반품했을 때 받는 피해보다 나는 마음의 상처가 더 큽니다. 1억 엔이 아니라 내 가슴의 상처는 100억 엔만큼 큽니다. 거래를 안 해도 좋습니다. 그냥 넘어가는 것은 나 자신이 허락이 안 됩니다."

"……."

이번에도 일본 거래처인 S사가 상전 노릇을 하는 느낌이었다. 내가 CEO가 되고 나서의 첫 거래인데 처음부터 비위만 맞추다 보면 이후에도 계속 끌려다닐 수밖에 없지 않은가. 우리가 피해를 보더라도 이런 관계는 여기서 뿌리를 뽑아야 미래를 위해 더 좋겠다는 생각이 지배적이었다. 잠시 시간을 두었다가 내가 이어 말했다.

"S사에는 10엔도 피해가 안 가도록 하겠습니다. 귀사는 제품에 대한 클레임을 건 것이고 그건 우리가 불량품을 생산했다는 의미인데 그것 자체가 내 마인드로는 있을 수 없는 일입니다. 그러니 백 퍼센트 반품을 받겠습니다. 이렇게 하는 것이 양 사의 미래를 위해서도, 새로운 거래를 위해서도 큰 발걸음을 내딛는 것이라고 생각합니다. 그러니 더 왈가왈부하지 말고 그동안 귀사에서 들었던 비용 모두를 영수증 첨부하여 우리에게 청구하면 이 제품들 전부 반품 처리하겠습니다."

말을 끝마치자마자 나는 곧바로 한국의 우리 회사 생산부에 연락을 취해 제품을 교체해 걸라고 지시를 내렸다.

그리고 일주일 만에 다시 한 컨테이너씩 수출을 재개하여 주문제품 전량을 모두 보냈다. S사의 반품이 일본에서 다 들어오기도 전이었다.

이런 일을 겪은 후 S사의 태도가 백팔십도 달라졌다.

"이 사장님, 역사에 없는 일을 당신이 했습니다. 앞으로는 당신을 믿고 칸나에서 오는 제품들은 품질검사를 하지 않기로 내부적으로 결정을 했습니다."

정말로 이때를 기점으로 이후에는 내가 어떠한 얘기를 하더라도 S사에서 다 들어주었고, 단 한 권의 앨범도 클레임이 들어오지 않았다.

내가 피해를 감수하고 내렸던 결정이 오히려 독이 아닌 약이 되어 돌아왔고 이 일로 인해 거래처의 마음을 사로잡을 수 있었던 것이다. 혼다 소이치로 회장의 말처럼 99%의 실패에서 나온 1%의 성과였다. 이 1%의 성과는 양 사의 성공적인 관계로 이어졌고 지금까지도 S사와는 더 돈독해진 신뢰를 바탕으로 거래를 지속하고 있다.

가끔씩 S사 간부들을 만날 때마다 이 얘기가 꼭 나온다. 지금은 웃으며 얘기할 수 있지만, 그 당시에는 정말이지 회사의 사활을 건 모험이었다.

용감하게 반품 결정을 내리긴 했어도 실제로 반품이 들어오기 시작하니 그 어마어마한 양에, '내가 혹시 실수한 것은 아닌가? 그냥 가격을 내려줄 걸 했나?' 하는 생각이 들기도 했다. 그러나 이미 엎질러진 물이었고, 오히려 이 일을 계기로 해서 앞으로는 어떤 거래처든 일말의 꼬투리도 잡히지 않는 양질의 제품을 생산할 수 있도록 노력했다.

그런 나의 진심이 생산직 직원들에게도 전해졌던 것 같다. 반품 들어온 제품들을 직원들에게 재단기로 모두 자르라 했는데, 몇몇 직원은 그 작업을 하면서 울기까지 했다. 제품이 아까워서이기도 했지만 제품품질에 문제가 있다는 명분을 만들어 준 것 자체를 용서할 수 없었던 것이리라.

그 이후로는 내가 바라던 것처럼 품질도 훨씬 좋아졌고 작업자들의 자부심도 높아져서 직원들과의 신뢰 또한 더욱 굳건해졌다. 이 일을 계기로 해서 전체 임직원이 더 단합됨으로써 출발 시점에서 내게 상당한 힘이 되었다.

사실 자신의 잘못을 인정하고, 그것을 입 밖으로 내는 일은 생각처럼 쉽지 않다. 자신의 권위와 신뢰, 자존심에 상처를 입는다고 생각하기 때문이다. 그러나 내가 먼저 책임지겠다고 나서면 사람들의 경계심은 눈 녹듯이 사라진다. 그에 비례해 바람직한 영향력은 더 커지게 된다.

나는 지위가 올라갈수록 책임은 커지고 권한은 작아진다는 것을 익히 알고 몸으로 실천하는 리더가 진정 위대한 리더라고 믿는다. 리더십에 있어 책임감과 솔선수범만큼 중요한 것도 없기 때문이다.

그래서 경영자인 나부터 솔선수범하면 직원들도 거래처도 그 진심을 알아주어 곧 따라올 것이고, 그로 인해 회사 발전이라는 시너지 효과를 얻게 될 것임을 한 번 더 확신하였다.

혁신경영을 위한 세계적 리더들의 조언

· 써야 할 곳 안 써도 좋을 곳을 분간하라.
· 돈은 거짓말을 하지 않는다. 돈 앞에서 진실하라.
· 돈을 애인처럼 사랑하라. 사랑은 기적을 보여준다.
· 검약에 앞장서라. 약 중에 제일 좋은 약은 검약이다.
· 헌 돈은 새 돈으로 바꿔서 사용해라. 새 돈은 충성심을 보여준다.

– **이건희** 회장의 어록

누구도 모방할 수 없는 독보적 기술력

"품질은 양보다 중요하다.
한 번의 홈런이 두 번의 더블보다 낫다."
"나는 우리가 이뤄온 것들만큼
우리가 아직 이루지 못한 것들이 자랑스럽다.
혁신은 현존하는 수천 가지 것들에
'아니'라고 말하는 것이다."

- 스티브 잡스

내가 회사를 인수하고 회사를 성장시키기 위하여 가장 중요한 전략으로 선택한 것은, 누구도 모방할 수 없는 우리 회사만의 독보적인 기술력을 확보하는 것이었다.

접착식 앨범에는 보통 라텍스를 사용하는데, 이는 투명 필름을 떼어냈을 때 사진을 접착시켜 주는 끈적이는 부분을 말한다. 당시만 해도 앨범 분야에서 국내에는 라텍스를 생산하는 곳이 몇 군데 없었다. 게다가 생산되고는 있어도 일본 제품의 품질에는 못 따라갔다. 특히 한국에서 생산된 라텍스는 황변현상이 심했다. 황변현상이란 라텍스 접착 부분이 누렇게 변하는 것을 말한다.

그 무렵 우리 회사는 일본 K사에서 생산한 라텍스를 사용하고 있었는데, 유일한 수입 품목이었다. 나는 왜 자체적으로 생산하지 않고 일본에서 수입하는지 이해할 수가 없었다. 의문점이 생기면 반드시 풀어야 한다. 그래야 발전이 있다.

나는 곧바로 개발부서 직원들에게 문의했다.

"아니! 이 라텍스는 크게 기술을 필요로 하는 부분도 없는 것 같은데, 왜 우리 회사에서는 못 만들어 내는가?"

"사장님, 그게 생각처럼 쉽지 않습니다. 저희도 그동안 라텍스를 자체 개발하려고 수없이 시도해 봤는데 번번이 실패하고 말았습니다."

이 얘기를 듣고 나니 나는 더 우리 회사에서 반드시 제대로 된 라텍스를 개발해 내야겠다고 마음먹었다. 먼저 개인적으로 도움이 될 만한 여러 가지 자료들을 찾아보고, 일본산 라텍스와 국산 라텍스를 사용한 제품을 책상 위에 갖다 놓고 면밀히 살펴보았다. 육안으로도 국산 라텍스를 쓴 앨범은 황변현상이 심했다.

마침 키스트에 다니는 지인을 만났을 때 이런 상황을 설명하고 어떻게 생각하느냐고 물었다. 교수직을 맡고 있던 지인도 내 생각처럼 크게 어려울 것 같지 않다면서 한번 연구해 보자고 했다. 그때부터 우리 회사와 키스트가 함께 황변현상 없는 라텍스 공동개발에 들어갔다.

그런데 이것이 예상했던 것보다 무척 힘들었다. 개발이 될 듯 될 듯하면서 번번이 제자리니 마음만 더 초조해졌다.

그러던 어느 날 내가 일본 K사에 방문할 일이 생겼다. 사실 K사는 기술유출 때문에 거래처 손님에게도 현장을 보여주지 않는 것으로 유명했다. 그나마 우리 회사는 그동안 K사 직원들이 방문할 때마다 그들과 돈독한 친분을 다져놓았기에, 조심스럽게나마 담당 직원인 Y에게 물어볼 수 있었다.

"전부 가르쳐 줄 수는 없겠지만 몇 가지라도 K사 라텍스 원료에 어떤 종류의 성분이 들어가는지 알려줄 수 없을까?"

잠시 머뭇거리던 Y가 대답했다.

"사장님께만 특별히 말씀드리는 것이니 절대 다른 곳에 알려주시면 안 됩니다… 대략 7가지 성분이 들어갑니다."

당시 국내 앨범 업체 대부분이 독보적인 기술력을 보유한 K사의 눈치만 보고 있다 해도 과언이 아니었다. 그 라텍스를 쓰느냐 마느냐에 따라 앨범의 품질이 좌우되기 때문이다. 그러니 대금도 달라는 대로 다 지불해야 했고 회사를 방문할 때는 최상의 서비스를 제공해야 했다. 상전도 그런 상전이 없었다. 그래서 나는 더 우리 회사가 라텍스를 개발하는 일에 매달렸다.

거래처 직원의 비위를 맞추느라 힘들긴 했어도 라텍스에 7가지 성분이 들어가는 걸 알게 된 것만으로도 큰 수확이었다.

나는 곧장 키스트에 이 7가지 성분을 분리해 보라고 목록을 넘겨주었다. 우리의 정성이 통했는지, 마침내 내가 이 아이디어를 제시하고부터 꼭 두 달 만에 황변현상 없는 라텍스 개발에 성공하여 국산화시킬 수 있었다.

그때의 감동이 지금도 어제 일처럼 밀려온다. 개발 직후 일본에 의존하던 수입 원료를 국산화시켰다는 뿌듯함과 독보적 기술을 개발해 냈다는 자부심이 하늘을 찔렀다.

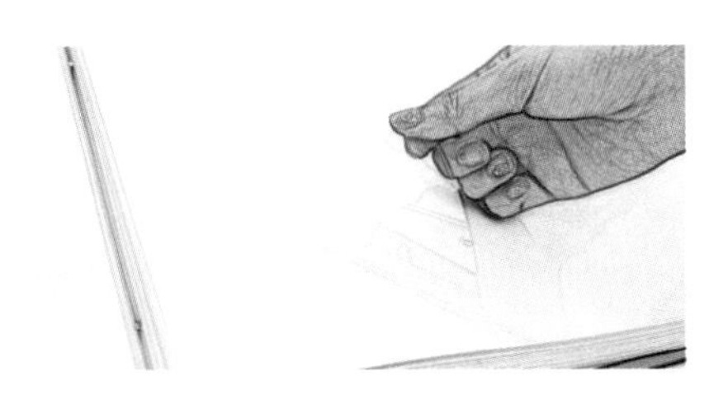

이후 일본 앨범 업계에 우리 회사에서 라텍스를 개발했다는 소문이 파다하게 퍼졌다. 우리의 기술력을 그들도 인정한 것이다.

현재는 역으로 칸나에서 일본으로 수출하고 있으니, 어렵긴 했어도 포기하지 않고 끝까지 개발해 내길 천 번 만 번 잘했다고 생각한다.

한국과 일본은 그동안 역사적 문제가 얽혀 있기 때문에 상대를 이기려고 하는 성향이 강하다. 축구나 야구 경기의 한일전만 봐도 알 수 있다. 서로에게 지기를 죽기보다 싫어하는 것이다.

라텍스 개발로 우리 회사의 위상이 올라간 것도 큰 소득이었지만, 이 일로 인해 비즈니스적 이익 못지않게 국익의 차원에서 일본이 한국을 깔보는 문화를 없앤 것이 더 큰 수확이었다.

누구도 모방할 수 없는 독보적인 기술력을 보유한다는 것은 요즘처럼 치열한 경쟁사회에서 가장 큰 이점이 될 수 있다. 다른 회사와의 차별화는 물론이고 고객이 많이 찾는 제품으로 자리매김하여 '매출증가'라는 직접적 성과로 이어질 수 있기 때문이다.

요즘 한창 주가가 높은 자율주행 전기차인 테슬라만 봐도 알 수 있다. 물론 현재 유럽 전기차 규제가 완화되면서 다른 제조사도 테슬라를 금방 따라잡을 수 있다는 전망도 나오지만, 테슬라가 10년 동안 꾸준히 기술을 축적해 왔고 전통 자동차 제조사와 달리 전기차 개발에만 집중할 수 있어 앞으로도 격차가 더 벌어질 것이라는 전망이 우세하다. 결국 미래를 내다볼 수 있는 극소수의 자동차 제조사만이 테슬라의 전기차 기술을 아슬아슬하게 따라잡을 여지가 있다는 얘기이다. 이 모든 것이 테슬라만의 독보적인 기술을 개발하였기에 가능한 일이지 않은가.

우리 회사도 라텍스 개발을 계기로 하여 '우리도 하면 된다.'는 자신감을 얻었고, 이 자신감은 회사가 한층 성장하는 발판이 되어주었다. 이 덕분에 1999년 무역의 날 3백만 불 수출탑도 받게 되었다.

그러나 미처 예상치 못한 일도 벌어졌다. 어제의 동지가 오늘의 적이 된 것이다.

우리 회사가 라텍스 개발로 승승장구하자 일본에서 특허소송을 내었다. 이후 5년 동안 싸웠는데 결국 우리가 승소하였다.

특허소송에서 중소기업이 일본을 상대로 해서 이긴 것은 우리 회사가 처음이었고, 이는 언론에 기사화될 정도로 전무후무한 대사건이었다. 이 사건으로 인해 2006년 제43회 무역의 날에는 내가 대표이사 자격으로 산업훈장을 수훈하게 되었다.

근면과 기술로 불가능한 것은 없다고 한다. 뒤처졌다고 좌절하는 대신 끝까지 최선을 다하여 기술을 개발하고 근면하게 노력한다면, 사람도 회사도 얼마든지 더 발전할 수 있을 것이다.

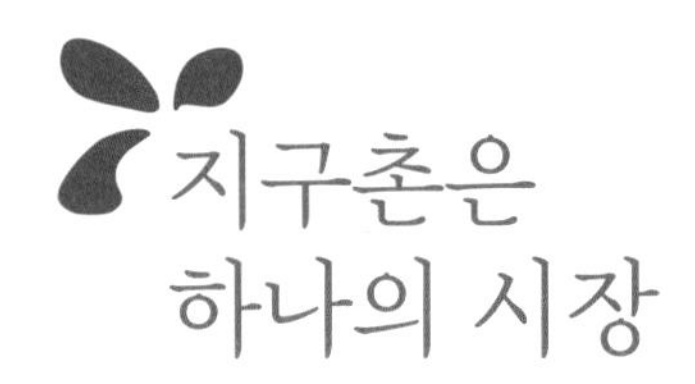

지구촌은 하나의 시장

내가 회사를 인수할 당시인 1990년대 후반만 해도 문구업계는 호황기였다. 이 호황기를 타고 회사를 한 단계 더 성장시키려면 독보적인 기술력과 더불어 새로운 거래처를 확보하는 일도 매우 중요하였다.

요즘 들어서는 '지구촌Global Village'이란 말을 자연스럽게 사용한다. 지구촌은 과학기술과 통신의 발전으로 온 인류가 쉽게 왕래하고 소통을 할 수 있는 세상이라는 뜻으로 지구를 한 마을처럼 생각하여 쓰는 말이다.

디지털 시대의 스마트폰과 소셜미디어, 유튜브 등의 통신·영상 매체의 발전은 국가, 도시, 종교들을 초월한 네트워크의 복합적인 공동체로 우리 사회를 더욱더 진화시키고 있다. 내

책상 위에서 손가락 하나로 세계 곳곳에서 일어나는 일들을 실시간으로 확인할 수 있는 시대에 살게 된 것이다.

기업의 입장에서 보면 판매 대상의 폭이 국내에 한정되지 않고 전 세계로 확장되어 지구촌이 이제 하나의 시장이 되었다. 그만큼 기회도 많아졌지만 경쟁도 심해졌다. 이런 상황에서 살아남기 위해서는 바이어가 원하는 것의 맥을 정확히 짚고 10년, 20년 후의 미래를 예측할 수 있어야 한다.

1990년대 후반 문구업계는 호황기를 맞고 있었지만 나는 이미 아날로그에서 디지털로의 변신이야말로 앞으로 우리 칸나가 글로벌 기업으로 거듭날 수 있는 유일한 길이라고 믿고 있었다. 우선 그전에 칸나의 입지를 지구촌 시장에서 더 단단하게 굳혀 놓을 필요가 있었다.

미국의 월마트는 세계인 누구나 아는 미국 최대의 유통업체이다. 칸나의 품질에는 자신이 있었으므로, 나는 그때까지 한국 문구업계 중 단 한 곳도 입점하지 못한 월마트를 목표로 삼고, 그들이 원하는 품질과 가격을 맞추기 위해 부단한 노력을 했다. 제품 샘플만 백여 회 이상 만들었을 정도이다.

마침내 그런 노력이 통했는지 월마트 입점이 초읽기에 들어갔다.

나는 영어가 유창하지 않아서 외국 바이어를 만나는 자리에는 항상 통역이 가능한 우리 회사 무역부 직원과 동행했다. 기다리고 기다리던 월마트 입점을 위해 바이어를 만나게 되었다.

그런데 자리에 앉은 지 얼마 되지도 않았는데 제대로 협의도 하기 전에 바이어가 우리 제품 가격을 사정없이 후려치는 것이 아닌가. 얼마나 기대하며 준비해 온 자리인데, 찬물을 끼얹어도 유분수지!

기대가 실망으로 변하는 순간, 욱하는 마음에 나도 모르게 "X새끼" 하고 욕이 나왔다. 욕을 한 나도 당황하고, 험악해진 내 얼굴을 본 바이어도 당황하고, 통역을 해야 하는 우리 직원도 당황했다.

한 가지 웃긴 점은 만약 내가 영어를 유창하게 구사했다면 분명 욕도 영어로 나왔을 텐데, 다행히 한국어로 욕을 했다는

점이다. 영어로 욕을 했다면 협의고 뭐고 월마트 입점은 이미 물 건너갔을 것이다.

물론 바이어도 분위기상 내가 한 얘기가 좋은 얘기는 아닐 거라 예상했겠지만, 우리 회사 직원이 눈치껏 톤 다운해서 통역했기 때문에 유야무야 넘어갈 수 있었다.

덕분에 이후에는 순조롭게 협의가 이루어졌고, 드디어 칸나가 한국 문구업계 최초로 월마트에 입점하게 되어 대단한 영광을 누릴 수 있었다.

우리 회사는 이 무렵 일본과 유럽, 미국 등으로 수출을 많이 하였는데 이는 수출을 통하여 애국을 한다는 자부심을 갖게 해주었고, 그래서 나를 포함한 직원들 모두 더 신바람이 나서 열심히 일할 수 있었던 것 같다.

미국 수출에 관한 얘기를 하다 보면 빠질 수 없는 일화가 있다. 미국 전역에 8천 개의 숍을 가지고 있는 최대 잡화점 하비라비와 거래하게 될 때였다.

하비라비 바이어의 초청을 받아 나는 생전 처음으로 미국에 가게 되었다. 초행길이다 보니 무섭기도 하고, 달랑 무역부 직원 한 명만 함께 가니 혹시 무슨 일이라도 생기면 전부 내가 책임져야 해서 그 압박감이 상당했다. 비행기에 오르기 전까진 그럭저럭 담담했는데, 실제로 비행기 좌석에 앉고 나니 더 막막하고 두려워졌다.

얼마나 시간이 지났을까, 내 초조함과 두려움과는 상관없이 어느새 비행기는 뉴욕 케네디 공항에 도착해 있었다. 동행한 여직원은 영어가 가능했지만 이 직원도 미국은 처음인지라 긴장한 기색이 역력했다.

어찌어찌 입국 수속을 받고 나와 호텔에서 하룻밤 묵었다. 식사는 해야겠는데 미국 음식은 통 입에 맞지 않아 제대로 먹지도 못한 채 커피숍으로 향했다.

낯선 땅에서 말은 잘 안 통하지, 배는 고프지, 계약은 반드시 성사시켜야 하지… 이래저래 걱정이 앞서 어쩔 줄 몰라 하고 있는데 몇 자리 건너 어디서 많이 본 듯한 사람이 앉아 있었다. 그분은 선글라스를 쓰고 있었는데 낯이 익었고 좀 더 가까이 가서 보니 코미디언이자 국회의원이던 이주일 의원이었다.

그분과는 면식이 없었지만 처음 가본 미국에서 그분을 보게 되니 얼마나 반가웠는지 모른다. 나도 모르게 벌떡 일어나 이주일 의원 자리로 가서 인사를 드렸다. 그러고는 명함을 드리니 본인도 칸나앨범에 대해서 너무 잘 알고 있다는 것이 아닌가. 그분은 공연차 미국에 온 것이라 했다.

연예인이면서 국회의원도 지낸 분이시기에 뭔가 다가서기 어려울 줄 알았는데 생각 외로 너무 친근하게 대해 주셔서 무척 감사했던 기억이 난다. 짧은 만남이었지만 좋은 말씀도 참 많이 해주셨다. 그중 제일 기억에 남는 말씀이 있다.

"한국은 수출을 해야 먹고사는 나라이기 때문에 나도 국내보다 해외에서 활동하는 것에 더 자부심을 가지고 있다. 미국인들이 나 이주일이라는 사람은 몰라도 대한민국 코리아라는 나라는 잘 알고 있지 않나. 수출도 마찬가지다. 애국이 크고 거창한 것만은 아니다. 수출하는 일에 종사한다는 사실만으로도 애국하는 것이다. 그러니 자부심을 갖고 더 열심히 세계 만방에 대한민국을 알리는 일에 힘써 달라."

그러고는 내게 필요한 것이 뭐냐고 물으셨다. 이후 그분 기획사에서 많은 것을 지원해 주었다. 그런 인연으로 죽 이어져 나는 이 의원이 돌아가실 때까지 자주 인사를 드리러 가곤 했다. 지금 생각해도 참 멋진 분이셨는데 일찍 돌아가셔서 무척 안타깝다.

그다음 날 우리는 예정대로 하비라비 본사를 방문하게 되었다. 정말로 그 엄청난 규모에 눈이 다 휘둥그레졌다. 차로 한 바퀴 도는 데만 30분이 걸렸다. 애플 본사처럼 원형 모양이었는데 대략 축구장 40개 규모라고 했다. 둘레가 족히 50킬로미터는 돼 보였다.

우리 칸나앨범이 들어갈 앨범 창고만 해도 축구장 한 개 크기였다. 그 규모를 직접 확인하니 이곳 오더만 받게 되어도 우리 회사로서는 엄청난 이득이라는 생각이 들었다. 그러니 전 세계 기업들이 너 나 할 것 없이 하비라비에 입점하고 싶어 하는 것이다.

나는 이 계약만큼은 반드시 성공시켜야 한다고 한 번 더 다짐하고 미팅 때 샘플로 가져간 앨범을 펼쳐 보였다. 전 세계적으로 네트워크망을 갖고 있는 하비라비는 이미 우리 회사가 일본과 소송하여 이긴 사건을 알고 있었다. 덕분에 생각보다 쉽게 계약이 성사되어 그 많은 거래량을 확보할 수 있었다. 게다가 우리를 초청한 바이어 또한 우리 회사에 굉장한 호감을 갖고 있어서 제품가격도 높게 책정할 수 있었다.

미국이 초행길이라 걱정이 앞서 막막하기만 했는데 품질만큼은 어디에 내놓아도 빠질 것이 없다는 것과 수출역군이라는 자부심 하나로 버텼더니, 이리 좋은 사람들과 거래처를 확보할 수 있었던 것이다. 지금 생각해도 미소가 절로 지어지는 기분 좋은 사건이었다.

요즘 몇몇 사람들은 '애국'이란 단어 자체를 폄하하는 경향이 있다. '국뽕(국가+히로뽕)'이라는, 맹목적으로 자국 찬양을 하는 행태를 비꼰 인터넷 신조어까지 등장한 판이다.

나는 이럴 때마다 간디의 "나에게 있어서 애국심은 인류애와 동일하다. 나는 인간이요, 인간이기 때문에 애국자이다."와 괴테의 "모든 국민은 각자 자기의 천직에 전력을 다하라. 이것이 조국에 봉사하는 길이다."라는 글귀를 떠올린다.

나는 지금도 자신이 태어난 고향을 사랑하고, 자신이 속한 사회를 사랑하고, 자신의 조국을 사랑할 때 비로소 분열된 사회가 통합될 수 있으며, 더 나아가 지구촌 시장을 상대로 전 세계와 함께 호흡하는 선진화된 대한민국을 이룰 수 있다고 굳게 믿는다.

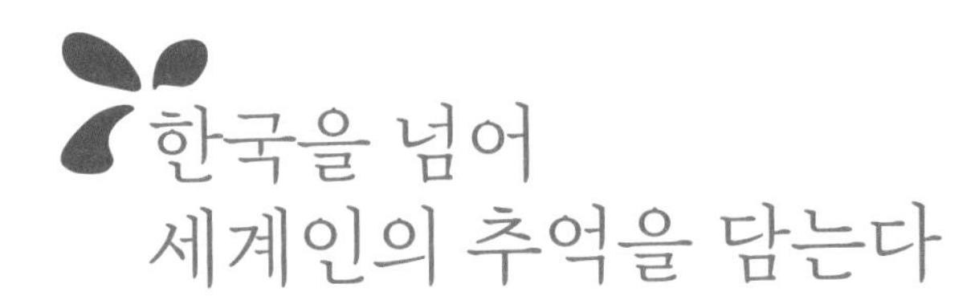

한국을 넘어 세계인의 추억을 담는다

1998년 ㈜포커스를 설립한 후 2년 만인 2000년 1월 ㈜칸나로 상호를 변경하고 우리 회사는 더욱더 날개를 달게 되었다. 칸나앨범이 각 신문사 히트상품에 선정되었으며 ㈜칸나가 수출유망기업으로 특집 보도되기도 하였다.

칸나CANNA는 Ccurrent+Aalbum+Nnatural+Nnew+Aadvance의 합성어이다. 이 이름에는 가장 소중한 추억을 대대로 간직할 수 있도록 앨범의 작은 부분까지도 놓치지 않고 친환경 소재와 100% 국내 자재를 사용하는 칸나의 작은 노력이, 우리 회사의 경영이념인 '밝은 미래를 위한 마음, 꿈을 이룰 수 있는 세상'을 이룰 수 있도록 하는 중요한 의미를 담고 있다.

이 무렵에는 일본, 미국, 유럽 등지에 수출을 많이 해서 앨범 업계에서는 칸나가 대기업이나 마찬가지였다. 특히 메탈앨범 개발로 세계적 특허를 받음으로써 '명품앨범, 칸나'라는 별칭과 함께 명성을 날리게 되었다.

물론 세계적인 특허를 보유하기까지는 엄청난 노력이 필요했다. 기존 앨범들은 종이에 라텍스를 발라서 황변현상이 일어나는데 우리가 개발한 메탈앨범은 종이에 알루미늄 호일을 붙여서 몇 백 년이 지나도 손상되지 않는 제품이다.

메탈앨범의 콘셉트는 '소중한 추억을 더욱 소중하게 보관할 수 있게 하자.'였다. 대부분 시간에 비례하여 사진도 퇴색되어 간다. 퇴색된 사진을 보면 추억도 따라서 흐릿해질 것이다. 반대로 시간이 지나도 사진 상태가 변함이 없다면 앨범을 들춰볼 때마다 옛 추억이 더 맑고 깨끗하게 다가오지 않겠는가. 바로 이러한 정신을 콘셉트로 하여 개발해 낸 다기능 앨범이자 변하지 않는 앨범이었다.

이 메탈앨범은 일본, 미국, 유럽 쪽에서 정말 많은 인기를 끌었고, 글로벌 바이어들의 호평을 한 몸에 받는 동시에, 우리 회사에서 앨범을 만든 이래 매출액을 가장 끌어올려 고부가가치를 창출했던 히트상품이었다.

여러분은 '사진' 하면 무엇이 제일 먼저 떠오르는가?

어떤 분은 가족, 친구, 연인 등의 인물을 떠올릴 것이고, 또 어떤 분은 떠나온 고향집 사진이나 자기가 살던 집, 학교 등의 공간이나 풍경을 떠올릴 것이다.

무엇을 떠올리든 여기에는 공통점이 한 가지 있다. 바로 '추억'이다. 추억에는 사람을 따스하게 해주는 힘이 있다.

사실 칸나앨범은 우리나라보다 유럽과 미국 등 서양에서 더 많은 인기를 끌었다. 좋은 추억이든 나쁜 추억이든 추억 자체를 소중히 여기는 서양문화의 영향이기도 하다.

우스갯소리로 한국에서는 불이 나면 제일 먼저 들고 나오는 것이 집문서이고, 유럽에서는 앨범이라고 한다. 그만큼 유럽인들이 사진에 대한 애정이 큰 것이다.

한번은 영국 바이어의 초청을 받아 그의 집을 방문한 적이 있다. 책장을 둘러보는데 정말이지 깜짝 놀랐다. 앨범만 거의 100여 권 넘게 진열되어 있었다. 처음 만나는 사람이었지만 내게 보여주려고 보물단지 다루듯 조심조심 책장에서 앨범을 꺼내는 그의 모습이 참 행복해 보였다. 한 사람의 인생 스토리가 100여 권의 앨범 안에 고스란히 살아 숨 쉬고 있었다.

사진은 곧 추억이고, 그 추억을 모아놓은 것이 앨범이다. 그

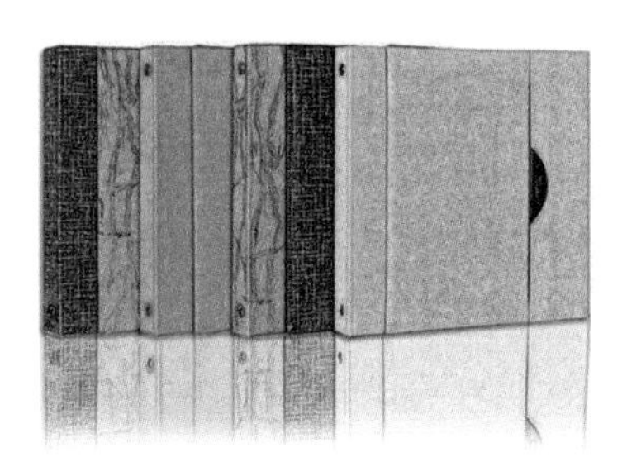

러므로 앨범이란 한 사람의 인생이 집약되어 있는 자서전과도 같다. 때로는 슬프고, 때로는 기쁘고, 때로는 아프고, 때로는 행복하고….

자신만의 살아온 흔적이 추억이란 이름으로 소중히 담겨 있는 앨범들. 나는 이런 앨범을 만드는 회사를 경영하는 것에 대해 무척 긍지와 보람을 느낀다.

가장 위대한 에너지들 가운데 하나는 자기가 하는 일에 대한 긍지라 했다. 그러므로 회사에 대한 긍지는 나를 더욱 열심히 뛰게 만든다. 유일한 국내 생산으로 앨범을 만들고 있는 칸나가 한국을 넘어 전 세계인의 추억을 담는 칸나로 자리매김할 수 있도록 말이다.

그러기 위해선 나 자신을 더 단련시켜야 한다. 완성되었다고 생각하는 순간 쇠퇴와 몰락이 시작될지도 모르기 때문이다.

얼마 전 세계 부자 1위이자 아마존 CEO를 넘어 블루 오리진으로 우주 개척을 꿈꾸고 있는 제프 베조스의 책《제프 베조스, 발명과 방황》을 읽었다. 세계적 위기 속에서도 승승장구하는 제프 베조스의 철학과 원칙이 담겨 있는 이 책을 읽으며 많은 생각이 들었다.

그는 주가 6달러의 아마존을 어떻게 세계 최고의 기업으로 만들었을까. 가장 기억에 남는 3가지 글을 소개한다.

1. 데이 원(Day One) - 시작은 작게. 크더라도 초심 잃지 않기

아마존은 2명, 블루 오리진은 5명으로 시작했다. 아마존 창업 초기에는 주문받은 책을 우체국에 직접 가지고 가서 붙였다. 언젠가는 지게차를 살 수 있기를 바랐다. 직원들과 창고 바닥에서 책을 포장하다 무릎이 너무 아파 올려놓고 포장할 수 있는 책상을 하나 구입했다. 그 결과 생산성이 극적으로 향상되었다. 아마존 직원은 현재 50만 명이다.

2. 미래 - 아마존 고위 임원은 모두 미래에 산다

이번 분기에 실적이 잘 나오면 3년쯤 전의 내가 일을 잘했다는 방증이다. 지금 일을 잘하면 3년 후에 좋은 실적이 나올 것이다.

3. 8시간과 3개 - 충분히 자고 소수의 좋은 결정 내리기

CEO는 몇 개 안 되는 질 높은 의사결정을 하라고 월급을 받는 사람이다. 잠은 8시간 정도 충분히 자라. 덜 자면 더 많은 의사결정을 내릴 수는 있을지도 모르지만, 굳이 그럴 필요는 없다. 그렇게 나온 의사결정의 질은 좋지 않을 수도 있기 때문이다. 하루 3개 정도의 올바른 의사결정이면 충분하다.

남들이 보기에는 성공한 것처럼 보여도 그것에 만족해서 멈추지 않고 또 다른 목표를 향해 도전하는 사람들.

자신의 원칙과 신념을 믿고 스스로 길을 만들고 넓혀 간 사람들.

이런 이들이야말로 진정으로 성공한 사람이자, 멋진 인생을 만들어 가는 사람들일 것이다.

우리 칸나가 50년 전통의 앨범 명가의 역사를 쓰며 미국, 유럽, 일본 등의 활발한 진출을 토대로 세계인의 문구 기업으로 도약한 것처럼, 나 또한 앞으로도 처음 시작을 잊지 않으며 늘 미래를 예측함과 동시에 좋은 결정을 내리기 위해 내 온 힘을 다할 것이다.

추운 겨울을 보낸 나무들이 더 아름다운 꽃을 피운다

"지금 돌이켜 보면
그때 힘들고 어렵다고 생각한 일에
도전하고 적극적으로 맞선 것이
오히려 좋은 결과를 불러왔다.
내가 살면서 겪은 고난과 좌절은
내 인생의 전환점이었고, 가장 큰 행운인 셈이다.
가난과 역경은 가혹한 운명이 아니라
나를 단련시키기 위해 신이 내게 준
최고의 선물이었다."

- 이나모리 가즈오

일본 교세라의 창업자이자 일본항공 회장을 역임한 이나모리 가즈오의 글이다.

나는 이 글을 읽는 순간 '어쩌면 이렇게 내 심경을 대변한단 말인가!' 하면서 무릎을 탁 쳤다. 내가 생애 최대의 시련을 맞이하고 그것을 이겨낸 후 읽은 글이었기 때문일까?

2002년 우리나라가 월드컵으로 한창 열기에 휩싸여 있을 때 나는 최악의 한 해를 맞고 있었다. 칸나는 이 무렵 더욱 성장하여 국내외 업계에서 인정받는 앨범 업체로 자리매김하고 있었다.

새해가 되고 며칠 후 출근을 하였는데 정초부터 열심히 일하고 있는 직원들이 보였다. 격려도 할 겸 새해도 됐으니 맛있는 것이라도 사주고 싶었다. 그래서 직원들에게 무엇이 먹고 싶냐고 물었더니 영양도 보충할 겸 보신음식이 먹고 싶다 했다.

나는 그 길로 용인에서 제일 잘하는 음식점으로 전 직원을 데리고 가서 실컷 포식하게 해주었다. 여느 때와 크게 다르지 않은 일상이었다.

그러나 그다음 날인 1월 4일, 내 인생에서 최대 위기에 봉착하게 되었다.

우리 회사는 이미 88서울올림픽 때 엄청난 인기를 끌었던 호돌이 호순이 노트를 통하여 스포츠마케팅을 한 적이 있었다. 올림픽이라는 세계적 축제 분위기 속에 우리 제품도 축제를 만났다. 하루에 4, 5컨테이너씩 제품이 실려 나갈 정도였다. 어떤 직원은 밤을 새워 작업하다가 잠이 들어 그대로 컨테이너에 실려 갈 뻔하기도 했다.

나는 지난 성공을 재현하기 위해 2002년 한일월드컵에서도 스포츠마케팅을 준비하고 있었다. 이미 2001년 8월부터 디자인하고 본 생산은 10월부터 시작된 상태였다. 창고에는 10월에 찍어낸 몇몇 과목 월드컵 노트들이 차곡차곡 쌓여갔다.

그런데 하늘도 무심하시지, 하필이면 이렇게 중요한 때 큰 화재가 발생한 것이다.

과목이 국어, 수학, 과학 등등 여러 가지이다 보니 한 과목이라도 비면 이가 빠진 것처럼 되어 판매를 할 수 없다. 사는 사람이 없기 때문이다.

기계와 장비는 물론이고, 공장 건물까지 모조리 소실되고 말았다. 소식을 듣고 한걸음에 달려갔지만 잿더미로 변한 회사 앞에서 내가 할 수 있는 일이란 망연자실 넋 놓고 서 있는 것뿐이었다.

우르르 억장이 무너져 내렸다. 그동안 어떻게 일군 회사인데 이렇게 순식간에 사라져 버릴 수 있단 말인가….

공장에 불이 났으니 생산은 당연히 올 스톱이고, 그간 월드컵 스포츠마케팅에 쏟아부은 노력과 비용도 바람과 함께 사라져 버렸다.

한동안은 아무것도 할 수 없었다. 내가 아무리 강심장이라 해도 이번 화재 건은 충격이 너무 컸다. 어떤 상황에서도 포기하거나 좌절하지 않는 것이 내 최대 장점이건만 이번만큼은 회복되는 데 시간이 꽤 걸릴 것 같았다.

화마로 인해 폐허로 변한 채 골조만 남아 있는 광경을 보는 순간 그동안 고생했던 일들이 파노라마처럼 떠오르면서 꾹꾹 터져 나오려는 울음을 가까스로 참았다. 당장 어디서부터 어

떻게 손을 써야 할지 한마디로 속수무책이었다.

그렇다고 언제까지 황망한 채로 있을 수만도 없었다. 화재는 이미 일어난 일이니 원통해 해봤자 달라질 것이 없었다. 그보다는 뒷수습이 먼저였다.

그나마 다행인 것은, 이것을 다행이라 할 수 있을지 모르겠지만, 원래 계획대로라면 노트를 전년도 10월부터 시작해 올해 3월까지 생산할 계획이었는데 1월에 불이 나는 바람에 강제 중지된 것이다. 만약 3월까지 생산하다가 불이 났으면 그 피해가 훨씬 더 컸을 것이다.

결국 우려했던 것처럼 그나마 살아남은 노트들도 이가 빠진 꼴이 되어 전혀 팔리지 않았다. 그래서 당시 남북한 물자교류의 일환으로 북한에 무상으로 주어 버렸다. 가지고 있어봤자 짐만 될 뿐이었다. 금액으로 따지면 수십억은 되었다.

기계고 장비고 공장이고 모두 타버렸으니 정말 無였다. 아무것도 없었다. 이럴수록 CEO인 내가 정신을 바짝 차려야 하는데, 직원들을 위해서라도 빨리 어떤 조치든 취해야 하는데, 그저 하루하루 지옥 같았다.

제품을 생산하려면 업체를 선정하여 공장을 새로 짓고 기계와 장비를 들여오는 일부터 다시 해야 했다.

이쪽저쪽 자금을 끌어모아 가까스로 건물을 짓고 기계 발주를 넣어 독일제, 일본제 장비를 들여왔다.

그런데 또 한 번 눈으로 보고도 믿을 수 없는 일이 벌어졌다.

세상에 이럴 수가 있는가? 엎친 데 덮친다는 게 이런 건가? 정말이지 이게 말이 되는가?

화마의 상처가 아직도 선명히 남아 있는 상태에서… 그래도 다시 한번 해보자고 공장 다시 짓고 비싼 장비까지 들여놓았는데… 재수 없는 놈은 뒤로 넘어져도 코가 깨진다더니… 그새를 못 참고 설상가상으로….

그해 여름, 용인에 기록적인 폭우가 쏟아져 내렸다. 태풍 루사였다.

지난번엔 불이 나서 싹 태워 먹더니, 몇 개월 간격으로 이번엔 또 물로 싹 말아 먹었다.

하도 기가 막혀 말도 나오지 않았고 그저 어떻게 이런 일이 연달아 생길 수 있는지 믿을 수 없었다. 정말이지 SBS TV 〈세상에 이런 일이〉에 제보해도 손색이 없을 듯했다.

그 악몽 같았던 2002년, 화재와 수재라는 뜻하지 않은 재해로 입은 피해액은 지금까지 생각조차 하기 싫다. 수십 년을 하루도 쉬지 않고 일하고, 먹고 싶은 짜장면도 먹지 않고 모아놓았던 피와 땀의 결정체들이 단 두 번의 재해로 공중 분해되었다. 이 원통함과 억울함이야 말해 무엇하겠는가.

이런 일을 연달아 겪고 나니 우리네 어머니들이 왜 화병에 걸리시는지 조금은 그 심정을 헤아릴 것 같았다.

상황이 이렇다 보니 주위에서는 모두 "칸나는 이제 끝났다."라고 수군거리기 시작했다.

아무리 생각해도 드라마나 영화에서나 나올 법한 얘기지 않은가. 6개월 간격으로 한 번은 불로 망하고 또 한 번은 물로 망했으니, 그런 소문들이 떠도는 것도 당연했다. 거기에 수십억에 달하는 제품까지 안 팔려 북한에 무상으로 기증했으니…. 거래하던 대리점들은 말할 것도 없고 우리 직원들조차 회사가 이젠 망했다고 믿고 있는 듯했다.

불행은 겹쳐서 온다더니 해도 해도 너무했다. 이때 내가 얼마나 마음고생을 했으면 원형탈모증이 다 생겼겠는가. 정말이지 회사 인수 후 최대, 최악의 위기였다.

아무리 정신력이 강하다 한들 나도 사람이다. 남들은 살면서 한 번도 겪지 않을 일을 연거푸 겪게 되니 멘탈이 흔들렸다.

그러나 예전에는 흘려듣기만 했던 호랑이한테 물려가도 정신만 차리면 산다는 우리네 속담을 그때는 하루에도 몇 번씩

되뇌었다. 자기 최면을 걸지 않는 한 이 역경을 극복해 내지 못할 것 같아서였다.

나는 다시 이를 악물고 정신에 초점을 맞추었다.

주위의 망했다는 수군거림도 생각의 관점에서는 맞는 말이지만, 의지의 관점에서는 틀린 말이다. 그렇다. 내게는 아직 다시 일어나고자 하는 의지가 남아 있었다. 힘든 상황에서도 무너지지 않는 자, 그가 주인공이자 최후의 승리자이다.

누구의 인생이든 늘 역경과 영광이 교차한다. 그러나 영광은 역경을 뛰어넘을 때만 그 모습을 드러낸다.

나의 경우, 역경은 이미 차고도 넘치게 만났으니 이제는 영광이 모습을 드러낼 차례이리라. 조금이라도 더 빨리 영광과 만날 수 있도록 전보다 더 노력하는 수밖에 없었다. 그리고 나는 계속하여 믿었다.

올라야 할 산이 높을수록 산은 험하고 지나가야 할 계곡도 깊은 것임을.

그런 깊고 험난한 계곡과 산길을 걷지 않고서는 결코 높은 산에 오를 수 없음을.

그렇게 추운 겨울을 보낸 나무들이 더 아름다운 꽃을 피울 수 있음을.

PART 3

열매를 맺고 함께 나눈다

기본을 지킨다는 것

- 이상배

한눈팔지 않고 자기 분야에서
혼신의 힘을 기울인다면
길은 보인다.
프로정신이란 그런 것이다.

한번 마음먹은 꿈은
꼭 이루겠다는 신념으로
미루거나 포기하면 안 된다.
노력이란 그런 것이다.

상대방에게 신뢰를 주기 위해
약속은 반드시 지키며
구차한 변명을 하지 말라.
신용이란 그런 것이다.

살아남기 위해서는
기술력이 겸비된
최고의 제품으로 승부해야 한다.
품질 우선주의란 그런 것이다.

밝은 미래를 위한 마음으로
꿈을 이룰 수 있는 세상을 향하여
자존심을 걸고 기본을 지키는 것.
성공이란 그런 것이다.

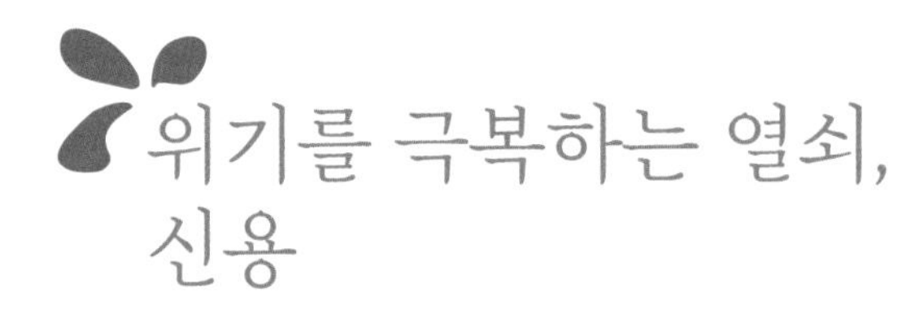

위기를 극복하는 열쇠, 신용

"아무것도 아닌 약속이라도, 하잘것없는 약속이라도,
상대방이 감탄할 정도로 정확하게 지켜주면
신용도 신용이지만 상대방은
나라는 사람을 늘 믿게 된다.
그러므로 누구나 힘에 겨운 약속은
애초에 하지 말아야 한다."

- 앤드루 카네기

화재에 수해에 팔리지 않는 제품까지 우리 회사는 잇단 시련으로 존망의 갈림길에 있었지만, 이와는 대조적으로 2002년 한일월드컵의 열기는 점점 고조되었다. 온 국민의 열화와 같은 성원에 힘입어 예상을 뛰어넘는 좋은 성적을 내며 한국 팀이 승승장구하고 있었기 때문이다. 16강에서 8강, 8강에서 4강… 우리나라 팀이 한 경기 한 경기 치를 때마다 붉은 악마의 '꿈은 이루어진다'는 응원 캐치프레이즈가 점점 현실로 변해 갔다.

여느 때 같았다면 나 역시 신바람 나게 "대한민국~ 짝짝 짝 짝짝"을 외쳤을 것이다. 그러나 그때의 나는 그럴 마음의 여유가 없었다. 회사를 정상화하기 위해서는 수습해야 할 일이 산더미 같았다. 누가 대신해 줄 수도 없는 오롯이 내 몫이었다. 이때처럼 오너의 자리와 책임이 무겁게 느껴졌던 때도 또 없었던 것 같다.

직원과 오너가 같을 수는 없다. 오너가 받아들이는 것과 직원이 받아들이는 것은 엄연히 다르다. 오너는 회사가 망하면 그것으로 끝나지만, 직원들은 다른 회사를 찾아가면 된다. 사명감과 책임의식이 완전히 다르기 때문이다.

물론 회사 일을 할 때 주인의식을 가지고 열심히 일하는 직원도 한두 명은 꼭 있다. 그렇게 주인의식을 가지고 일하는 사람은 언젠가는 꼭 진짜 오너가 되리라 믿는다. 반대로 남의 일을 대신해 준다고 생각하는 사람은 영원히 그 자리에 머물게 될 것이다.

회사의 가장 큰 재산은 직원들이다. 거듭된 재해로 어쩔 수 없이 직원 수도 반 이상 줄었지만, 남아 있는 직원들만이라도 더 알뜰히 보살피는 것이 오너인 내 몫이었다. 내 재산은 내가 지켜야 한다. 어려울 때일수록 직원들의 사기를 올려줄 필요가 있었다.

자신이 원하는 결과를 얻으려면 먼저 남이 원하는 결과를 얻을 수 있도록 도움을 아끼지 말아야 한다. 좋은 일은 남을 앞세우고 궂은일에는 자신을 앞세우는 사람이 결국 많은 것을 성취하게 되어 있다.

어차피 한국 팀 경기가 있는 날이면 작업 진행도 더뎠다. 온 국민이 월드컵에 열광하고 있었으니 당연한 일이다. 그렇다면 차라리 직원들이 회사 눈치 보지 않고 열심히 응원하도록 자리를 만들어 주는 것이 더 좋을 것 같았다.

조금 거창한 얘기일 수도 있지만 오너의 임무는 직원들의 꿈을 실현시켜 주는 것이라 생각한다. 그러기 위해서는 경영자 스스로 꿈과 비전에 확신을 가져야 한다. 만에 하나라도 경영자가 회의적인 자세를 취한다면 직원들에게 용기와 의욕을 심어줄 수 없다. 가슴이 울렁거리는 비전을 개발하고, 이를 확신을 가지고 전파하여 직원들의 자신감과 자긍심을 불러일으켜야 조직 전체의 에너지 발산을 극대화할 수 있다.

그래서 나는 아예 지하실에 대형 빔 프로젝터를 가져다 놓고 직원들을 불러모았다. 한국 팀 경기가 있을 때마다 직원들이 한자리에 모여서 한마음 한뜻으로 목청 터지게 “대한민국~ 짝짝짝 짝짝!” 할 수 있도록 판을 깔아 준 것이다. 회사의 재산인 직원들이 즐거우면 이후 생산성 향상으로 이어질 수 있다.

그러나 정작 나는 응원은커녕 한국 팀 경기조차 보지 못했다. 아니, 볼 수가 없었다. 돌아서면 죽을까 하는 생각이 들 정도로 절박한 상황이었는데, 그런 상황에서 어떻게 월드컵을 즐기겠는가. 다만 내 속은 타들어 갈지언정 직원들 앞에서는 절대 티를 내지 않았다. 오너가 불안해하는 모습을 보이면 직원들도 불안할 수밖에 없기 때문이다. 그래서 이를 악물고 참았다.

그해 경기도에서 가장 많은 피해를 입은 칸나에 도지사, 중소기업청장 등 유명하신 분들이 위로하기 위해 방문을 하였으나 나는 관심이 없었다. 어찌 생각하면 남에게 보이기 위한 이벤트에 불과했기 때문이다. 하루빨리 회사를 정상화하는 것, 내 머릿속에는 오직 그 생각밖에 없었다.

공장도 장비도 다 잃었지만 다행히 한 가지 살아남은 것이 있었다. 그것은 바로 오늘의 나를 있게 해준 신용이었다.

내가 회사를 다시 살리기 위해 제일 먼저 한 일은 협력업체들에게 현 상황을 있는 그대로 설명하고 협조를 요청한 것이었다.

"나는 지금껏 은행 대출을 쓰지 않았으므로 은행에 갚아야 할 돈이 따로 없다. 그러니 지금까지처럼 나를 믿고 딱 1년 동안만 대금들을 유예시켜 달라. 그러면 분명 1년 후에는 정상적으로 가동하여 여러분께 진 빚을 모두 갚겠다. 여러분도 알다시피 나는 한 번 약속하면 반드시 지키는 사람이다. 그러니 한 번 더 나를 믿고 기다려 달라."

내가 생각해도 무모한 부탁이었지만 나로서는 더 물러설 곳이 없었다.

그런데 정말 놀랍게도 내 말에 반대하는 업체가 단 한 군데도 없었다. 내가 장사할 때부터 목숨처럼 지켜왔던 신용이 협력업체에게도 통했던 것이다. 위기를 극복할 수 있는 열쇠가 다름 아닌 신용임을 한 번 더 깨닫게 된 순간이었다. 감사하고 또 감사한 일이었다.

신용이란 단어 속에는 '약속을 지킬 수 있는 능력'이란 의미도 포함되어 있다. 신용의 중요성이야 새삼 말해 무엇하겠는가? 내가 신용을 얻기까지는 수많은 시간들과 그에 비례한 노력이 뒷받침되었다. 그런 시간과 노력들이 없었다면 협력업체들이 모든 것을 다 잃은 나를 믿고 1년을 기다려주지는 않았을 것이다.

신용을 얻기가 얼마나 힘든 것인가는, 세계적인 브랜드 포드자동차와 스타벅스에서도 찾아볼 수 있다.

1903년 헨리 포드가 자동차 회사를 설립했을 때, 당시 사람들은 자동차를 자주 고장 나고 시끄러운 사치품으로 취급했다. 이런 상황에서 포드 회장이 자신을 믿어줄 금융회사를 찾는 일은 쉽지 않았다. 그가 사업 확장에 필요한 자금을 빌리기 위해 은행을 찾아갔을 때 은행장은 "멀쩡한 말들이 이렇게나 많은데 자동차 사업이 성공하겠느냐?"며 대출을 단호히 거절했다고 한다.

지금은 커피의 대명사가 된 스타벅스도 사업자금을 마련하기 위해 고군분투하던 시간이 있었다. 전 회장인 하워드 슐츠는 커피체인점 사업자금을 마련하기 위해 프레젠테이션을 242번이나 했다고 한다.

포드 회장이 은행대출을 단번에 거절당한 것과 하워드 슐츠 회장이 프레젠테이션을 242번이나 한 것에는 공통된 이유가 있다. 투자나 대출과 같은 금융거래를 할 때 신용을 얻는 일이 매우 어렵다는 점이다. 그러므로 원활한 금융생활을 위해서는 빌려주거나 투자한 돈을 미래에 다시 돌려받을 수 있다는 확신, 즉 신용을 상대에게 심어주는 것이 무엇보다도 중요하다.

이후 나는 나를 믿어준 사람들에게 반드시 내가 한 약속을 지키기 위해 더 고군분투했다. 누군가는 포기하고 주저앉았겠지만 나는 처음부터 다시 시작하는 길을 택하였다.

땀은 절대 배신하지 않는다. 나와 우리 회사 직원들이 흘린 땀방울들이 모여 조금씩 길이 열렸다. 다시 독일과 일본 기계들을 들여와 세팅하고 건물을 지었다. 딱 1년 걸렸다. 내가 협력업체들에게 약속한 대로 1년 만에 정상 가동하게 된 것이다.

이후에는 불난 집이 더 잘된다는 말처럼 칸나도 탄력을 받아 다시금 문구업계의 선도적 위치를 차지할 수 있게 되었다.

또한 많은 분들의 협력과 배려 덕분에 그 어려웠던 시기에도에서 가장 큰 상인 경기중소기업인상을 수상할 수 있어 의

미가 남달랐다. 이 모든 것이 위기 상황에서도 포기하지 않고 다시 도전한 덕분이었다.

만약 지금 실의에 빠져 있는 사람들이 있다면 꼭 말해 주고 싶다.

멀리 갈 위험을 감수하는 자만이 얼마나 멀리 갈 수 있는지 알 수 있고, 해보지 않고는 당신이 무엇을 해낼 수 있는지 알 수가 없다. 그러니 너무 일찍 포기하지 말고 자신을 믿고 지금! 바로! 한 번 더! 힘을 내보라고.

혁신경영을 위한 세계적 리더들의 조언

· 베푼 만큼 돌아온다.
· 미래는 도전하는 사람의 것이다.
· 기업의 성패는 사람에게 달려 있다.
· 이 시대 가장 요구되는 것은 패기다.
· 인간은 석유와 비교도 되지 않는 무한한 자원이다.

– **최종현** 회장의 어록

R&D의 힘

"모든 기업은 끊임없이 제품을 혁신한다.

성공하는 대기업은

다른 기업이 자신의 제품을 도태시키기 전에

스스로 자신의 제품을 도태시킨다."

- 빌 게이츠

2002년의 시련을 극복한 이후 칸나의 성장은 눈부셨다.

노트 완전자동생산시스템을 도입하였고, 당시 대기업에서 검토조차 하지 않았던 자동화 창고를 우리 칸나에서 만들었다. 이로 인해 경기중소기업청 선정 수출유망중소기업에 지정되었으며, 중소기업협동조합중앙회 표창을 받았고, 독보적 기술력으로 메탈앨범과 다게르앨범, 명품앨범도 만들어 내었다. 칸나가 이처럼 빠른 시간 안에 세계인에게 인정받는 명품앨범을 만들어 내면서 수많은 상을 탈 수 있었던 가장 큰 이유는 바로 R&D(Research&Development, 연구개발)였다.

R&D란 말 그대로 연구결과를 바탕으로 하여 상품을 개발하는 업무를 의미한다. 즉 R&D는 기업에서 이전에 없었거나 더 나은 제품, 기술을 개발하기 위해 실시되는 연구개발 활동이다.

나는 사업을 시작할 때부터 이 R&D의 중요성을 확신하고 있었다. 왜냐하면 R&D야말로 기업의 혁신을 불러일으키는 원동력이기 때문이다.

칸나뿐 아니라 세계적으로 인정받고 있는 톱 기업들은 대부분 시장의 판을 뒤흔들어 기업에 엄청난 수익성을 가져다 준 제품 개발에 오랫동안 공을 들였다.

불황기에 오히려 R&D를 확대하여 세계 반도체 업계에서 1위를 고수하고 있는 인텔이 그러하고, 자동차업체인 도요타, 혼다도 일본 경기침체기에 R&D 부문을 강화해 성공을 거둔 사례다.

대부분 경기침체기에는 눈앞의 이익을 위해 당장 손익이

보이지 않는 R&D 투자비용을 줄이는 경우가 많다. 단기적으로 보면 엄청난 비용이 절감되는 듯 보이지만, 장기적으로는 R&D 투자에 적극적인 기업이 더 큰 도약을 하게 되는 경우가 훨씬 많다. 위기 상황일 때 피해갈 길을 찾기보다는 어려움에 정면 돌파하여 다가올 미래를 대비하는 것이 오히려 기업 성장에 큰 도움이 되는 것이다.

이제 R&D는 기업에는 없어서는 안 될 필수적인 요소로 자리 잡고 있다. 특히 환경과 시장이 빠르게 변화하고 있는 현대 사회에서 고객의 요구를 충족시키기 위해서는 끊임없는 연구개발이 그 어느 때보다도 중요하게 여겨지고 있다.

또한 R&D는 기업 자체의 성장뿐만 아니라 일자리 창출 및 대·중소기업 동반성장에도 효과가 있어 국가 경제에도 기여한다. 이 때문에 국가적으로도 다양한 분야의 R&D에 연구비를 지원하거나 중소기업에 대한 R&D 조세 지원을 확대해 나가고 있다.

우리나라의 많은 기업도 모든 게 불확실한 때일수록 연구개발 투자를 늘려야 한다는 생각으로 최근 R&D 투자에 적극적인 행보를 보이고 있고, 정부 및 지자체에서도 다양한 지원책을 마련하고 있다. R&D 사업 확대를 통해 우리나라 기업들의 경쟁력이 한 차원 더 높아질 수 있다면 더 바랄 것이 없겠다.

고 이건희 삼성 회장은 "R&D는 보험이다. 이를 제대로 하지 않는 것은 농부가 배가 고프다고 뿌릴 종자를 먹는 행위와 같다."라고 했다.

나 또한 일찌감치 R&D의 중요성을 깨달아 회사를 인수할 때부터 이에 집중하였다. 그 결과 앞에서도 잠시 언급하였던 라텍스와 메탈앨범을 개발하여 국산화시키는 데 성공하였고, 이는 칸나만의 독보적 기술력의 상징이 되었다.

대부분 R&D는 중소기업보다 대기업에서 더 효과적이라고 생각하겠지만 내 생각은 다르다. 나는 중소기업이야말로 R&D가 꼭 필요하다고 생각한다.

빠른 기술변화와 디지털화, 4차 산업혁명 도래라는 급격한 경제·기술환경의 변화 속에서 기업, 특히 중소기업의 R&D, 혁신역량 강화야말로 기술경쟁력 및 생산성을 높여 기업의 성장을 가능하게 하며, 이를 바탕으로 지불능력 개선과 지속 가능한 양질의 일자리 창출 기반이 확충되면서 우수인력이 중소기업에 유입되는 선순환구조가 정립될 수 있기 때문이다.

사실 위기 속에서도 투자하는 것이 쉬운 일은 아니다.

더욱이 가시적인 성과가 단기간에 나타나지 않기 때문에 경영자에게는 무척 어려운 결정이기도 하다.

10가지를 투자해서 10가지 성과를 다 보기란 하늘의 별 따기다. 10개 중 2개만 성공해도 성공했다고 볼 수 있다. 연관산업이 있으면 기술개발도 굉장히 빠르다. 서로의 전문성을 주고받을 수 있어서이다.

더욱이 요즘은 고객들이 더 잘 안다. 고객들이 더 냉정하다. 식상한 상품들, 즉 누구나 다 만들 수 있는 제품들로는 고객의 관심을 끌 수 없다. 그래서 R&D가 중요한 것이다. 누구나 만들 수 없는 차별화된 제품을 만들어 낼 때 비로소 고객의 관심을 받을 수 있기 때문이다.

많은 기업들이 기업의 경쟁 우위를 더욱 강화하고, 지속 가능한 성장을 하기 위해 대규모 R&D 투자를 해왔다. 특히 IT 기술의 발전 속도가 빨라지고 제품의 수명 주기가 단축되고 고객의 요구가 복잡해지면서 기업들은 R&D 투자 규모를 늘리고 있다.

그러나 나는 R&D 투자의 규모보다 어떻게 투자할 것인지가 더 중요하다고 생각한다. 몇몇 기업은 경쟁기업보다 R&D

투자를 적게 하는데도 불구하고 지속적으로 뛰어난 성과를 올리고 있기 때문이다. R&D 투자 효율을 높이는 데 가장 중요한 핵심은 R&D의 목표와 지향점을 시장에 맞추는 것이다. 다시 말해 핵심 기술을 최대한 활용해 시장과 고객이 원하는 제품을 효과적으로 개발하여 출시하고, 이들에게 필요한 가치를 제공하는 것을 궁극적 목적으로 삼아야 한다.

시장 중심 R&D를 위해서는 연구과제 발굴단계에서부터 시장의 요구에 맞는가를 고려하는 것이 중요하다. 즉 시장에서 살아 숨 쉴 수 있는 R&D가 무엇보다 중요하다는 의미이다. 그래서 나는 디자인과 혁신이야말로 R&D 사업의 승패를 좌우한다고 생각한다.

간혹 실패한 기업가들을 보면 그들에게 없는 것이 보인다. 바로 열정이다. 한눈팔지 않고 한 분야에서 최선을 다한다면 그 회사는 쉽게 망할 수가 없다. 자꾸 욕심을 내서 자신이 전혀 알지도 못하는 분야에 손을 대면 어떻게 되겠는가? 결과는 불 보듯 뻔하다.

성공을 갈망하는 것은 인간의 본능 중 하나라 할 수 있다. 그러나 현명한 사람은 본능보다는 이성에 따라 자신의 행동을 규제할 수 있는 사람이다. 세간의 반대 속에서도 혼돈과 불안이 아닌 편안함을 느낄 수 있는 경지에 이르도록 노력해야 한다.

경영자는 더욱 그렇다. 비전을 제시하는 역할의 중요성을 아는 성공하는 기업의 경영자들은 장기적인 시각을 갖고 단기적인 문제들을 해결한다. 직원들은 자신들이 오늘의 과제에 집중하는 동안에도 경영자들은 내일의 과제에 집중해 주기를 기대한다. 그래야 자신들을 위한 미래가 계획되어 있다고 믿게 되고, 기꺼이 자신에게 맡겨진 일과 원대한 목표에 매진하게 된다.

동서고금을 막론하고 같은 꿈을 향해 서로 믿고 의지하면서 돌진하는 조직을 가로막을 수 있는 것은 아무것도 없다. 따라서 경영자의 첫 번째이자 가장 중요한 임무는 구성원 모두가 같은 꿈을 갖고 힘과 지혜를 한곳에 모으게 하는 것이다.

투자의 천재 워런 버핏의 "오늘 누군가가 그늘에 앉아 쉴 수 있는 이유는 오래전 누군가가 나무를 심었기 때문이다."라는 말처럼 경영자로서 10년, 20년 후의 미래를 예측하는 눈을 키우고, 위기일 때는 직접 현장에 나서서 직원들과 함께 땀 흘리며, 불황 속에서도 꾸준한 R&D를 통해 난국을 헤쳐나가자.

그리고 잊지 말자. 불황은 언제나 기업이 최정상에 있을 때 시작됨을. 제품이 가장 잘 팔리는 때가 판매 부진의 시작이 될 수 있음을. 최정상을 달릴 때 실패를 염두에 두는 경영자야말로 현명한 경영자라 할 수 있을 것이다.

혁신경영을 위한 세계적 리더들의 조언

· 신용과 의리를 가장 첫 번째로 중요하게 여겨라.

· 자신만의 철학을 만들어 지켜라.

· 성공을 위한 가장 좋은 방법은 공부하는 것이다.

· 윤리적, 도덕적 마인드는 언제 어느 때이건 항상 명심하라.

– **박세창** 허브데이 회장의 어록

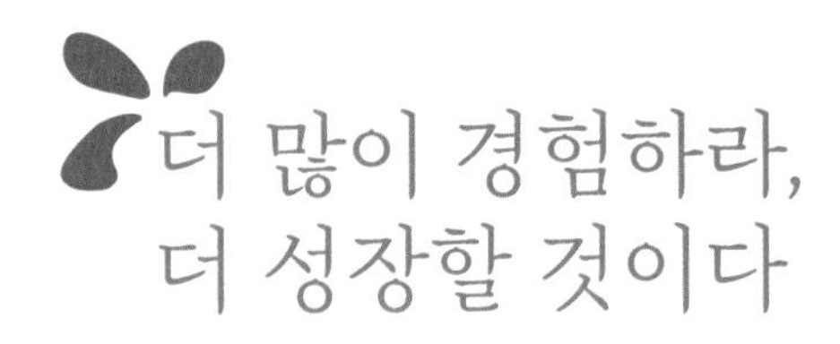

더 많이 경험하라, 더 성장할 것이다

"경험은 창조할 수 있는 것이 아니며
반드시 겪어야 얻을 수 있는 것이다."

- 알베르 카뮈

내가 생각해도 우리 회사와 나는 상복이 많은 편이다. 한 일에 비해 분에 넘치게 상을 많이 받은 것 같아 때로는 쑥스럽기도 하다.

개인적으로는 산업훈장과 경기중소기업인상, 도전한국인 글로벌 어워드를 수상한 것이 가장 기억에 남고, 회사 차원에서는 대한민국 선도기업, 위기를 기회로 만드는 인물&기업, 한국품질혁신 우수기업 문구류 대표기업 등에 선정된 것과 앨범 12억 권 생산으로 한국판 기네스에 인증된 것이 기억에 남는다.

이런 상들로 유명세를 타서 TV방송에도 두 번 출연할 수 있었다. 2005년 방영된 SBS '대한민국 중소기업의 힘'과 2015년에 방영된 KBS1TV 〈한국경제 70년 그들이 있었다〉 7부작 다큐멘터리 '제4부 한강의 기적' 편이었다.

방송 촬영과 관련하여 재미있는 에피소드가 많다.

SBS '대한민국 중소기업의 힘'을 찍을 때였다. 거의 한 시간 방송 분량이었는데 실제 촬영은 보름 동안 계속되었다. 그런데 자연스럽게 질문하고 대답하는 모습을 찍어야 한다면서 미리 콘티를 주지 않는 것이 아닌가. 촬영 당일에 촬영 팀이 와서 여기 여기에서 할 것이니 따로 준비할 것도 없다고 했다.

첫 방송 출연이다 보니 아무것도 아는 것이 없어서 무척 당황스러웠다. 그때만 해도 촬영 기술도 지금보다 좋지 않아서 조명은 뜨겁지, 커다란 카메라는 눈앞에서 돌아가지, 정신이 하나도 없었다.

내가 처음 시작할 때 멘트를 해야 하는데 하다가 자꾸 NG가 나서 촬영이 여러 번 중단되었다. 보다 못한 제작진이 글씨를 써줘서 그걸 읽기만 하면 되는데도 읽는 것조차 쉽지 않았다.

직원들은 죽 둘러서서 나만 쳐다보고 있고, 제작진에게는 촬영을 지연시켜 미안하고 겸연쩍고… 세상에 내 생애 그렇게 긴장해 본 적도 없는 것 같다. 정말 머리가 하얘진다는 얘기를 실감했다. 그러나 다행히 이사를 맡고 있는 아내가 나 대신 잘 대응하여 촬영은 무사히 마칠 수 있었다.

지금도 그날을 생각하면 웃음이 나온다. 당시에는 잔뜩 긴장하여 뭐가 뭔지 하나도 몰랐는데, 후에 방영된 것을 보니 감회도 새롭고 아름다운 추억의 한 페이지가 되었다.

이에 비해 KBS1TV 한강의 기적 편을 찍을 때는 한결 편했다. 제작진이 찍는 줄도 모르게 계속 말을 시키고 자연스럽게 유도를 잘해 전보다 훨씬 수월하게 찍을 수 있었다.

기업을 경영하다 보니 이전에는 경험해 보지 못한 일을 많이 접하게 된다.

일본업체에 수출하였다가 고스란히 반품을 받지 않나, 영국으로 갈 물건이 프랑스로 잘못 가 배 대신 비행기로 제품을 보내지 않나, 미국으로 날아가 엄청난 규모의 유통업체와 계약을 하지 않나, 화재에 수재에 하루아침에 모든 걸 잃게 되질 않나, 방송에 출연하게 되질 않나….

아마도 내가 사업을 하지 않았다면 절대로 접할 수 없었던 경험들이었으리라. 나는 폭넓은 경험이야말로 인생의 훌륭한 스승이라고 생각한다. 《명심보감》에서도 "한 가지 일을 경험하지 않으면 한 가지 지혜가 자라지 않는다."라고 했다.

수많은 고비가 있었지만 분명 한 고비 한 고비 넘어설 때마다 이러한 경험들을 통해 나도 우리 회사도 더 강해진 느낌이다. 쇠는 두드릴수록 단단해지는 것처럼 말이다.

나는 개인적으로 '용기'라는 단어를 좋아한다. 씩씩하고 굳센 기운. 또는 사물을 겁내지 아니하는 기개.

살다 보면 하루에도 몇 번씩 선택의 갈림길에 선다. 마음이 정해지지 않으면 그만큼 힘이 든다. 금을 밟고 서서 남만 탓해 봤자 돌아오는 건 허무뿐이다. 자초한 일이라고 해서 상처가 빨리 아물진 않는다.

어느 쪽인지 망설여진다면 저 혼자 춤추는 감정은 잠시 밀어내고, 객관적이고 이성적인 시선으로 자신부터 살펴봐야 한다.

자신이 '할 수 있는 것'과 '할 수 없는 것'. 그것을 가벼이 여겨서는 안 된다. '하기 싫은 것'을 '할 수 없는 것'이라고 혼동해서도 안 된다. '애쓰는' 것과 '모른 척'하는 것은 하늘과 땅 차이다.

매번 질 수밖에 없는 싸움이라 해도 잘못된 선택이었다고 뒤늦은 후회를 해도 할 수 있는 만큼, 할 수 있을 때, 한 번씩 더, 애써봐야 한다. 차곡차곡 그 흔적과 경험들이 쌓이면 삶의 무늬도 달라져 있을 것이고, 적어도 비겁한 길로 가는 것만은 막을 수 있기 때문이다.

먼저 할 일은 엉거주춤 밟고 서 있던 금에서부터 떨어지는 일. 그다음엔 누구의 상처든 모른 척하지 않는 일. 그렇게, 사는 동안만큼은 권리가 아닌 의무인 그것, '용기'를 갖는 일이다.

어쩌면 우리 모두는 무한한 잠재력을 가지고 태어난 것인지도 모른다. 다만 그 잠재력을 깨닫지 못하고, 개발하지 못해 활용하지 못하고 있을 뿐이다.

욕구 5단계 이론으로 유명한 매슬로우는 "우리가 가진 능력은 쓰이기 위해 아우성치고 있다. 우리가 자신의 능력을 최대한 발휘할 때만 이러한 내면의 아우성을 잠재울 수 있다."
라고 말한다.

모두가 같은 분야에서 넘버원number one 경쟁을 하게 되면 한 명의 승자를 제외하곤 나머지 모두는 패배자가 된다. 그러나 모두가 자신이 가진 특별한 천재성을 발견해 그 분야에서 온리원only one을 추구하게 된다면 역설적으로 모두가 해당 분야에서 넘버원이 될 수 있다.

그러니 스스로에게 한계를 짓지 말고, 구체적인 계획을 세워 꿈을 더 이상 꿈이 아닌 현실로 만들어 보자.

삶은 유한하다. 머뭇거릴 시간이 없다. 머뭇거릴 시간에 무언가에 도전하여 열심히 노력한다면 분명 자신이 원하는 목적지에 다다를 수 있을 것이다.

실패가 예상될지라도 충분히 중요하다고 생각되는 일이라면 도전해야 한다. 그 실패의 경험까지도 내 삶의 자양분이 되기 때문이다. 내가 그랬다. 그래서 감히 할 수 있는 충고이다.

그러니 더 많이 경험하라, 더 성장할 것이다.

남산 높이의 12억 권 앨범을 생산하다, 국민앨범 칸나의 길

"눈 덮인 들판을 걸어갈 때
이리저리 함부로 걷지 마라.
오늘 내가 걸어간 발자국은
뒷사람의 이정표가 되리니."

- 서산대사의 선시 '답설야(踏雪野)'

나는 각계각층의 모임이나 대학의 초청강사로 나갈 때 "위기를 어떻게 극복했는가?", "아날로그에서 어떻게 디지털로 변화시켰는가?" 하는 두 가지 질문을 가장 많이 받는다.

그럴 때마다 나는 반문한다.

"AI는 어떻게 세상에 등장하게 되었는가? 빅 데이터 덕분이다. 인간도 똑같다. 기본적으로 바탕이 되어 있지 않으면 위기가 닥쳤을 때 '저 친구 그럴 줄 알았어!' 하고 끝나버린다. 그런데 기본적으로 성실하게 일해 왔다면 위기가 닥쳐와도 신용으로 극복할 수 있는 길이 열리게 된다.

어느 분야든 일단 발을 디뎠으면 거기에 빠져들어야 한다. 그저 수박 겉 핥기 식으로만 하면 남들에게 '해 봐야 안 된다.'라는 부정적인 얘기만 듣는다.

나는 내 스타일인 건설업이나 중공업과는 다른 문구 업종을 택했지만, 일단 선택한 후에는 뒤돌아보지 않고 모든 것에 임팩트를 넣어서 긍정적으로 살아왔다. 그 덕분에 오늘 내가 이 자리에 있게 된 것이다.

만약 선택한 후에도 다른 업종에 한눈팔고 부정적인 마음으로 일했다면 이 자리까지 올 수 없었을 것이다. 한번 발을 디뎠으면 거기에서 결판을 내야 한다.

어느 누구에게도 누가 되지 않게 모든 노력을 다하고, 국내에서 시작하였더라도 미래를 예측하여 글로벌 1위가 되겠다는 원대한 꿈을 갖고 달려간다면, 그것이 어느 날 꿈이 아닌 현실로 다가오게 될 것이다."

칸나가 숱한 어려움 속에서도 세계인에게 인정받는 글로벌

앨범 회사가 될 수 있었던 첫 번째 토대는 신용이었다. 그렇다면 신용은 어떻게 만들 수 있는가? 하는 근본적인 질문이 나올 것이다.

내 경험에 미루어 말한다면 나는 결제일에 거래처에게 내일 오라는 소리를 한 번도 안 했다. 이는 내 경영철학이자 인생철학이다. 남에게 받을 것보다 줄 것을 먼저 생각할 것. 남에게 누 끼치지 않을 것.

또 나는 지금까지 살아오면서 은행 대출을 받은 적이 없다. 집을 살 때도 그랬고 건물을 살 때도 그랬다. 왜냐하면 대출을 받는 순간 빚진 사람이 되는 것이고, 그 순간부터 내게 돈을 빌려준 은행의 눈치를 볼 수밖에 없기 때문인데, 나는 그것이 너무 싫었다.

대출을 받으면 은행에서 이렇게 하라면 이렇게 해야 하고 저렇게 하라면 저렇게 해야 한다. 개인도 마찬가지지만 기업의 경우에는 은행의 눈치를 보게 되면 결코 성공할 수 없다. 대출을 받지 않으면 눈치를 볼 필요도 없고 이상도 이하도 아닌 동등한 입장을 유지할 수 있다.

물건을 팔 때도 마찬가지다. 내 마음에 안 들면 안 팔면 그만이다. 상대가 자꾸 깎으려 하고 상대 위주로 끌려만 다니면 장사해서 남는 게 없다.

이런 원칙 덕분에 협력업체 및 거래처에 더 단단하게 신용을 쌓을 수 있었고, 칸나가 잇단 재해에도 불구하고 최대 위기를 1년 만에 극복할 수 있었다.

그리고 이를 토대로 한 단계 한 단계 성장하여 마침내 세계 문구업계에 길이 남을 금자탑을 쌓았다. 한국판 기네스에도 등재된 바 있는 남산 높이의 앨범 12억 권을 생산하게 된 것이다.

대부분 12억 권이라고 하면 그것이 어느 정도 양인지 상상이 잘 안 될 것이다. 우리나라에서 큰 가장 컨테이너는 40피트 하이큐빅이다. 그 컨테이너에 앨범이 약 5천 권 실린다. 즉 하이큐빅 5천 권씩 24만 대 분이다. 이 얘기를 하면 듣고 있던 모두가 감탄사를 내뱉는다.

그러나 나는 아직도 배가 고프다. 전 세계 인구가 약 75억 명이다. 12억 권이라 해봤자 그들에게 한 권씩 주지도 못한

다. 명품 국민앨범의 자부심, 칸나라는 이름에 걸맞게 한국을 넘어 전 세계 사람들에게 칸나앨범을 한 권씩 나눠주는 것, 이것이 나의 꿈이다.

그동안 칸나를 경영해 오면서 무언가 결정할 때 이것이 정말 옳은 선택일까, 고민한 적도 있다. 그러나 일단 결정을 내리면 뒤돌아보지 않고 밀고 나갔다.

나는 남들이 생각하는 것보다 훨씬 더 꼼꼼한 편이다. 그래서 직원들에게만 맡기지 않고 내가 직접 현장을 발로 많이 뛰어다녔다.

일에 관해서도 Yes면 Yes, No면 No가 분명해서 쉽게 결정하는 듯 보여도, 사실은 누구보다 더 철저하고 꼼꼼하게 시장조사를 한 후 이루어진 선택들이다. 그렇게 일단 결정한 것에 대해서는 절대 후회하지 않고 밀어붙이는 성격이다.

그러다 보니 결심하기까지는 상당한 인내와 노력이 필요하다. 만약 50대 50이면 고민을 더 해야 하고, 55대 45라면 그냥 밀어붙인다. 결정하면서도 완성될 때까지는 한순간도 긴장을 놓치지 않는다.

다행히 내 결정들이 대부분 결과가 좋았기에 오늘날의 칸나가 있을 수 있는 것이리라.

칸나는 지난 40여 년간 최고의 명품을 만들기 위해 노력하는 장인정신으로 단 하나의 분야에서 최고의 자리만을 고집하였다.

앞으로도 앨범에 있어 최고의 가치와 품질을 추구하는 동시에, 시간이 갈수록 가치를 더해 가는 고객의 소중한 추억에 더 많은 고민과 시간을 투자할 것이다.

또한 꾸준한 R&D와 전사적 자원 관리를 통해 언제나 새로운 생각으로 혁신하는 칸나로서 고객과 함께할 것이다.

누구도 모방할 수 없는 기술력과 차별화된 디자인으로 언제나 최고의 자리에서 고객의 현재와 과거, 미래에 동행할 것임을 약속 드린다.

그동안 열심히 땅을 고르고 씨앗을 뿌려 파릇파릇 돋아난 새싹에 물을 주었더니 마침내 칸나가 12억 권 앨범 생산이라는 꽃을 피워냈다. 칸나라는 이름의 길을 만들고 넓히고 닦아온 것이 그 결실을 보게 되어 무엇보다 기쁘고 감동적이다.

사람이 살아가는 것도 마찬가지가 아닐까. 길을 닦듯 마음을 닦아내는 것이다.

마음밭에 성글게 흩어져 있던 상처 난 돌들부터 골라내고, 두 발로 있는 힘껏 힘을 주어 단단하게 생각을 다지고, 나중에 커서 시원한 그늘이 되어줄 희망이란 씨앗들도 마음 가장자리에 주르르 심어주고. 그렇게 어느 날 짜잔 하고 꿈의 싹이 돋아나면 정성껏 물을 주고 행복이란 이름의 꽃을 피워내는 것.

나는 그렇게 오늘도 열심히 나만의 길과 나만의 마음을 열심히 닦아내고 있다.

혁신경영을 위한 세계적 리더들의 조언

· 성공은 매일 조금씩 성취해 나가는 것이다. 결과를 당연히 여기지 않고 가치를 부여하는 것, 스스로를 믿는 것, 자신을 희생하는 것, 용기를 갖는 것, 거기에 성공이 있다.

· 겸손한 태도를 잃어버리지 마라. 다른 사람을 무시해서 좋을 건 아무것도 없다.

· 꼼짝할 수 없는 상황에서 모든 일이 불리하게 펼쳐져 더는 1분도 버틸 수 없을 것 같더라도 절대 포기하지 마라. 바로 그때 그곳의 흐름이 바뀔 테니.

· 구두끈이 풀렸는지도 모른 채 앞만 보고 뛴다면, 1등을 할 수 있을까? 가끔은 아래를 보며 구두끈을 점검할 필요가 있다.

· 무언가 시작하려 할 때, 그 꿈을 꿀 수 있는 용기만 있다면 그 즉시 시작하라.

– **하워드 슐츠**의 어록

투자란 10년, 20년 후의 미래를 예측하는 것

"놀라운 미래가 기다리고 있다.
미래를 배워야 한다.
미래를 향해 마음을 열어야 한다.
미래를 이해하는 사람들이
미래를 차지한다."

- 비벡 와드와

문구 업종은 기본적으로 한계산업이다. 그래서 나는 영문구를 인수할 때부터 아날로그를 디지털로 어떻게 변환시킬 것인가, 여기에 집중했다. 그리고 단언컨대 바로 이것에서 승패가 갈렸다고 본다.

미래를 예측하는 면에서는 내가 좀 뛰어난 편이다. 미래예측은 비즈니스상 굉장히 중요한 것이다.

그러나 말이 쉽지 아날로그를 디지털로 변환시키는 건 절대로 만만한 일이 아니었다. 더욱이 나는 아날로그 시대의 사람이 아닌가. 그러니 매일매일 연구하고 조사하고 남들보다 더 공부하지 않으면 쉽게 이룰 수 없는 꿈이었다.

하버드 대학의 에드워드 밴필드 박사의 연구결과에 따르면 우리 사회에서 가장 성공적인 사람은 장기적인 시각을 가진 사람들이었다고 한다. 즉 성공한 사람들은 10년, 20년 후의 미래를 줄곧 생각해 왔으며 이러한 긴 시간적 수평선 위에서 필요한 의사결정을 해온 사람들이라는 것이다.

박현주 미래에셋 회장 역시 자신의 성공요인으로 미래관점에서 현재를 보는 습관을 꼽았다. 이외에 균형감각, 소수게임(남들과는 다른 관점에서 보기), 즉 원칙을 염두에 두고 밝을 때는 그림자를, 어두울 때는 빛을 볼 수 있는 인식의 전환이 또 다른 성공요인이었다고 한다.

그렇다. 사업가들은 미래를 내다보는 사업적 감각이 있어야 한다. 특히 새로운 투자를 하려면 미래 10년, 20년을 예측할 수 있어야 한다. 당장 앞만 보아서는 사업을 제대로 할 수

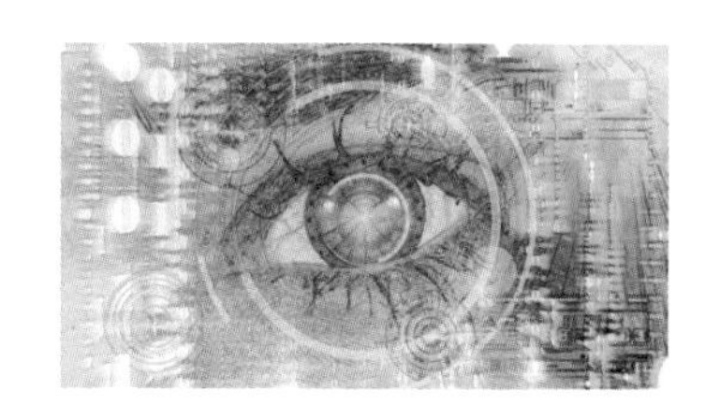

없다.

삼성도 고 이병철 회장이 반도체 씨앗을 뿌려놓은 것을 이제야 거둬들이고 있지 않은가. 화가들도 죽어서야 그림값이 오르는 것과 같은 이치다.

이와 더불어 거래를 할 때 바이어가 무얼 원하는지 그 맥을 정확히 짚어 낼 수 있는 능력도 무척 중요하다.

나는 천생 사업가이다. 모든 것을 경제논리로 생각하기 때문이다. 안 되는 건 안 되는 것이다. 심플하고 명확하다. 경제논리는 말 그대로 이익을 추구하는 것이다.

경제논리는 냉정하고 냉철하다. 고객 또한 정말 냉철하고 냉정하다. 디자인, 가격, 품질이 안 맞으면 그 즉시 아웃되는 것이다. 고객의 마음에 들지 않으면 어떤 금덩어리를 붙여놔도 안 팔린다. 그러니 고객이 무엇을 원하는지 정확히 알아야 사업에 성공할 수 있다.

그래서 나의 지론은 예전이나 지금이나 변함이 없다. "누구나 다 할 수 있는 일은 중요하지 않다. 누구나 다 할 수 없는 일이 중요한 일이다."이다. 이것이 항상 내 마음속에 자리 잡고 있는 경영철학이다.

현대는 모든 것이 무한 경쟁 시대이다. 경쟁이 심한 사회일수록 어떤 기업이나 만들어 낼 수 있는 제품은 이익이 나지 않는다. 누구나 만들 수 있기 때문이다. 경쟁사에서는 못 만들면서 고객이 요구하는 제품을 만들어야, 즉 누구나 못 만들고 잘 팔리는 제품을 만들어야만 기업이 발전할 수 있다.

우리 회사도 큰 맥으로 보면 아날로그에서 디지털로의 변환에 성공한 것이나 마찬가지다. 칸나가 한창 성장할 때에도 그 자리에 만족하지 않고 미래를 예측함과 동시에 시시각각으로 변하는 고객의 니즈를 캐치하여, 디지털디스플레이 생산업체인 언아더월드비나에 투자를 시작했기 때문이다. 문구는 한계산업이고 미래는 디지털로 승부해야 한다는 것을 일찌감치 깨달았기에 가능한 일이었다.

처음에는 이루어질 것 같지 않은 꿈이었다. 미래를 생각하면 당연히 디지털로 변신을 해야 하는데, 앨범은 아날로그 제품이어서 아무리 노력해도 그 특성상 디지털로 변신하는 데는 한계가 있었다.

그 무렵은 IMF가 터지는 바람에 많은 수의 기업들이 부도 위기에 내몰렸다. 좋은 회사인데도 자금이 없어 버티지 못한 회사들이 하나둘씩 무너져 내렸다.

그런 와중에도 나는 문구 쪽만 바라보던 시야를 넓혀 디지털디스플레이 쪽으로 눈을 돌렸고, 때마침 부도가 난 좋은 회사가 눈에 들어왔다. 디지털디스플레이란 쉽게 설명하면 병원에서 ○○○, ○○○ 하면서 환자 이름과 진료 순서를 알려주는 디지털액자를 말한다.

머뭇거리지 않고 미래에도 살아남는 기업이 되기 위해 그 회사를 인수하기로 마음먹었다. 국내시장은 너무 작아서 내 꿈을 다 품을 수 없었기 때문이다. 그래서 나는 세계의 지구촌 시장을 타깃으로 삼고 글로벌 1위를 할 수 있는 기업을 찾아 내 운명을 건 투자를 하게 되었다.

물론 새로운 분야에 투자하는 것은 절대 만만한 일이 아니다. 게다가 그 무렵은 화재와 수해로 칸나로서도 큰 타격을 입은 때였다. 그러나 나는 "가장 큰 위험은 위험을 감수하지 않는 것이다. 세상은 너무나 빨리 변하기에 위험을 감수하지 않는 건 곧 실패로 이어진다."라는 페이스북 창시자 마크 저커버그의 말을 한 번 더 믿어보기로 했다.

더욱이 전혀 연관 없는 사업도 아니었다. 앨범도 일종의 디스플레이라 할 수 있으니까. 다만 아날로그와 디지털의 차이일 뿐.

실패하는 기업을 보면 대체로 어떤 게 잘되니까 다른 걸 만들고 또 다른 걸 만들고 하는데, 이럴 경우 한 가지라도 안 되게 되면 한꺼번에 망하게 된다. 무슨 말이냐면 어떤 일이든 모체가 비슷한 업종을 키워나가야 하는데 전문적인 지식도 없이 자꾸 별도의 것에 손을 대니까, 관련된 업무들이 이어질 수 없어 결국 실패하고 마는 것이다.

성공하는 사람들은 늘 먼저 큰 그림을 그리는 반면, 실패하는 사람들은 생각 없이 바로 일에 착수하는 습관을 가지고 있다고 한다.

"장작을 패는 데 쓸 수 있는 시간이 8시간이라면, 나는 그중 6시간을 도끼날을 날카롭게 세우는 데 쓸 것이다."라는 링컨의 말을 현실에서 실천하는 사람이 성공에 이를 수 있는 사람이다.

나는 언제나 새로운 일을 시작할 때 사전조사는 철저하게, 투자는 과감하게 하는 습관을 장착하고 있어서 어떤 일에든 실패한 적이 없다. 실패를 해서도 안 되지만 실패를 생각해 본

적도 없다. 성격상 한번 시작하면 끝을 봐야 했고, 그 끝이란 성공할 때까지 인내와 끈기를 갖고 노력하는 것이었다.

혁신경영을 위한 세계적 리더들의 조언

· 웃는 연습을 생활화하라.

· 이 세상에 나쁜 사람은 없다.

· 함께하는 것이 진짜 사랑이다.

· 서로 사랑하십시오. 용서하십시오.

· 그게 누구라 하여도 인간인 한은 모두 존엄하다.

– **김수환** 추기경의 어록

아날로그에서 디지털로의 변신에 성공하다

하나의 꿈을 달성하기 원하는 사람은 누구나 한 군데로 초점을 맞추고 노력해야 한다. 그렇게 했을 때에만 완벽을 기대하고 요구할 수 있다.

중간 지점이나 평범함과 타협해서는 안 된다. 자신이 갈 수 있다고 생각하는 곳보다 훨씬 더 먼 곳으로 계속 밀고 나간다면, 누구나 틀림없이 가슴에 품은 꿈을 이룰 수 있다고 생각한다.

가장 이율이 나쁜 것은 에너지 여유분을 그냥 쌓아두는 것이라 했다. 쌓아두지 않고 써버리면 잃어버리거나 도둑맞을 염려가 없다. 그러면 언젠가 만기가 되어 엄청난 액수가 되어 되돌아온다. 끝없이 도전하는 것, 그것이 바로 인생이다.

나는 사실상 인생에서 가장 힘들었던 시기에 새로운 도전에 나섰다. 언아더월드비나를 인수한 것이다. 재해가 연달아 두 번이나 들이닥쳤을 때였지만 협력업체들의 협력과 배려로 잘 극복해 낼 수 있었고, 다행히 수출에 전념해 온 칸나는 IMF에도 별다른 타격을 받지 않았다.

운도 좋았다. 당시 은행에서는 BISBank for International Settlements 기준을 맞추기 위해 수출대금을 제대로 네고Nego를 해주지 않아 대략 6개월 정도의 대금이 쌓여 있었다. 그러다 네고를 하니 환율이 올라 두 배가 되었다. 달러는 1,800원까지 갔고 유로화는 3천 원이 넘었다.

언아더월드비나는 해외법인이다. 해외법인들은 국내에서 인증을 안 해준다. 기자들도 해외법인에 관해서는 기사화하지 않는데, 어떻게든 한국과 연관돼 있을 때만 기사화했다.

나는 언아더월드비나를 인수할 때부터 베트남 해외법인을 만들었다. 해외법인을 만든 가장 큰 이유는 국내에는 인적 자원이 너무 부족했기 때문이다.

때마침 삼성전자에서 근무하던 친구가 명예퇴직을 하게 되어 그 친구와 둘이 손을 잡고 진행했다. 그때부터 20년 가까이 그 친구가 베트남 법인장 대표이사를 맡고 있고 내가 회장을 맡고 있다.

베트남에 집을 짓든, 앨범을 만들든, 아기를 낳든 그 과정은 모두 같다. 제일 먼저 설계가 되어야 하고, 설계가 끝나면 골조가 갖춰져야 한다. 골조가 갖춰지면 지붕을 얹어야 한다. 이 과정 중 어느 것 하나라도 빠지게 되면 제대로 된 집을 지을 수 없다. 하나의 큰 틀에서 만들어져야 하는 것이다.

더욱이 각각의 특성에 맞게 맞춤형 집을 지어야 한다. 공장에서 찍어내는 기성품은 누구나 만들 수 있다. 각각의 특성에 맞는 맞춤형 집을 지어내는 것은 누구나 할 수 없다. 누구나 할 수 없는 일을 하려면 더욱 치밀하고 꼼꼼한 선호도 조사와 사전 조사가 필수이다.

이런 노력들이 통했는지 그동안 언아더월드비나는 엄청난 성장을 이루었다. 디지털디스플레이 업체로서는 세계 최고의 회사라 해도 과언이 아니다. 미국의 제너럴 일렉트릭과 일본의 소니 2개 회사는 100퍼센트 우리 회사 제품을 쓰고 있다.

현재 베트남 공장 규모는 땅이 몇만 평, 건평 만여 평에 직원이 1,200명 이상이다. 디지털디스플레이 글로벌 1위이다.

시작은 어렵게 했어도 지금은 반석 위에 올라간 기업이기에 내 자부심도 대단하다. 또 한 번 미래를 보는 눈이 성패를 좌우함을 깨닫게 된 계기이기도 했다.

유통업에서 제조업으로 업종을 바꿀 때도 나는 국민소득 3만 불이 넘어가면 제조업에는 더 이상 희망이 없다는 것을 예측하고 있었다. 국민소득이 낮을 때에는 제조업을 하면 돈을 벌 수 있었다. 그러나 이제 그것은 말 그대로 옛날얘기가 되었다.

국민소득 3만 불이 넘어가면 아날로그 제조 현장에서 일할 사람이 없어진다. 그것이 가장 큰 이유다. 물론 삼성이나 SK처럼 최첨단 업종의 경우는 제외이다. 제조업체 중 해외로 이전 안 한 기업은 대부분 작은 규모의 업체들뿐이다. 이미 신발, 원단, 일반 고무, 섬유화학 업체 등은 모두 해외로 이전한 상태다.

그래서 칸나를 경영하면서도 우리나라의 국민소득이 오를수록 제조업을 하기 쉽지 않음을 피부로 실감하였고, 이때를 위해 칸나를 인수할 때부터 아날로그에서 디지털로의 변신을 꾀했던 것이다. 그러고는 우리나라보다 국민소득이 낮은 베트남에 디지털디스플레이 해외법인을 세우기로 결단을 내린 것이다.

이 무렵에 내가 또 한 가지 예측한 것이 있는데 미래에는 둘둘 마는 디스플레이가 나온다는 것이었다. 이는 현재 현실이 되었다.

미래는 꿈꾸는 자의 것이다. 그러나 실행이 없는 꿈과 비전은 망상에 불과하다. 무조건적인 실행 또한 헛된 노력으로 귀착될 가능성이 높다.

꿈과 희망은 매일매일의 자그마한 실행으로 뒷받침되어야만 비로소 놀라운 결과를 창출할 수 있다. 눈을 뜨고 낮에 꿈꾸는 사람들이 많아지면 세상은 살기 좋은 곳으로 바뀌게 된다.

생각으로 아는 것은 집을 설계하는 것과 같고 실천하는 것은 집을 짓는 것과 같다. 머리에서 팔까지의 거리가 가장 멀다 할 정도로 아는 대로, 말하는 대로 실천하는 것은 매우 어려운 일이다. 아무리 가까운 곳이라도 가지 않으면 다다를 수 없다. 실천이 결과를 만든다. 그래서 실천하는 사람들이 항상 힘을 갖게 마련이다.

가난한 행상의 아들로 태어나, 전 세계에 250개가 넘는 호텔을 세운 호텔 왕 콘래드 힐튼의 영화 같은 이야기를 아는가?

호텔 벨보이로 취직한 소년 콘래드는 언젠가는 반드시 호텔 사장이 될 것이라는 목표를 정하고 가장 큰 호텔 사진을 구해 벽에 붙여놓고 사장이 된 자신을 날마다 이미지화했다고 한다.

콘래드처럼 구체적이면서 눈에 보이는 확실한 개인 비전의 수립이야말로, 자신을 리더로 성장시키는 중요한 요인이라고 생각한다. 즉 구체적인 목표가 구체적인 결과를 가져오는 것이다. 여기에 더해 미래를 예측하는 눈을 갖고 있다면 금상첨화다.

칸나를 인수할 때부터의 내 비전은 아날로그에서 디지털로의 변신! 이것뿐이었고, 마침내 칸나는 칸나대로 언아더월드비나는 언아더월드비나대로 대성공을 이루었다.

디지털 디스플레이

안주할 것인가?
도전할 것인가?

"행동에는 위험과 대가가 따른다.
그러나 이때의 위험과 대가는
안락한 나태함으로 인해 생길 수 있는
장기적 위험보다는 훨씬 정도가 약하다."

- 존 F. 케네디

나는 언아더월드비나를 2002년 12월 인수하였다. 처음에는 중국으로 가려고 했는데, 중국 대신 베트남으로 결정한 것이 신의 한 수였다.

당시만 해도 특허와 기술밖에 아무것도 없었다. 베트남에 공장을 지을 때는 못 한 개까지 모두 한국에서 공수해 갔다.

공장 자체를 내가 지었다.

물론 언아더월드비나도 쉽게 이룬 회사가 아니다. 공장을 짓는 데도 우여곡절이 많았다. 그렇게 힘든 과정을 거쳐 2013년부터 본격적으로 베트남 사업을 시작한 것이다.

언아더월드비나의 인수 이야기는 한 편의 영화와 같다. 어떤 이는 내 얘기를 듣고 영화로 한번 만들어봤으면 좋겠다고 할 정도다.

베트남을 왕래하면서 당시 하노이에서 제일 크고 유명한 호텔이던 대우호텔에서 우연히 전 대우그룹 김우중 회장님을 만나게 되었다. 장안에 화제가 되었던 베스트셀러 책《세계는 넓고 할 일은 많다》는 김 회장님만큼 유명하다.

안타깝게도 내가 그분과 만났을 때는 대우그룹이 해체되어 김 회장님의 상황이 여의치 않은 때였다. 그런데도 그분께 마음에 와닿는 감동적인 말씀을 많이 들을 수 있었다. 더욱이 그분께서는 베트남을 비롯한 해외에 일찍부터 나간 대기업 총수였기 때문에 도움도 많이 받았다. 나에게는 무척 고맙고 감사한 분이다.

많은 말씀 중에 기억에 남는 몇 가지가 있다.

"대한민국은 정말 좁다. 지구촌에 개발 안 된 곳이 워낙 많이 있기 때문에 전부 그것이 돈으로 보인다.”

물론 돈으로 보인다는 직설적인 표현은 아니었지만 나는 그렇게 이해했다. 또 기억에 남는 말씀이 있다.

“베트남은 30여 년 동안 전쟁을 치렀다. 우리나라의 맹호부대, 청룡부대 등이 월남전에 참전하여 돈을 벌어서, 물론 막심한 인명피해도 있었지만, 국가로 보면 엄청난 이득을 얻어 경부고속도로를 놓게 된 것이 아닌가. 그러므로 우리가 얻은 이득을 생각해서라도 베트남을 도와주어야 한다. 현재 베트남은 어느 때보다 중요한 시기를 맞고 있다. 도와주는 것은 딴 것이 아니다. 여기 와서 공장 짓고 인원 창출하면 그것이 바로 도와주는 것이다.”

김 회장님 말씀을 통해 베트남에 대해 한 번 더 생각하게 되었다.

나는 개인적인 생각으로 라이따이한Lai Đại Hàn에 대한 배려가 좀 더 필요하다고 생각한다. 라이따이한은 잘 알다시피 대한민국이 1964년부터 참전한 베트남 전쟁에서 대한민국 국군병사와 현지 베트남 여성 사이에서 태어난 2세를 뜻한다. 정확한 통계는 아니지만 대략 20만 명으로 추산된다.

이들을 나라에서 도와주지 못하니 기업인들이 나서서 먹고 살게 해 줘야 한다. 애국이 따로 있나, 이것이 애국이다. 베트남에 진출하여 제일 먼저 내가 한 일도 이 라이따이한들을 입사시킨 일이다.

베트남은 한국, 프랑스, 일본, 중국 문화 등이 혼재되어 있다. 한국과 일본이 위안부 문제로 껄끄럽듯이 어떻게 보면 미래에는 이 라이따이한이 문제가 될 소지가 있다. 대략 20만 명이지만 그들의 가족까지 포함하면 어마어마한 숫자가 될 것이다.

호치민에서 백여 킬로미터 떨어진 곳에 구찌 굴이 있다. 바다와 연결된 그 굴은 길이만 해도 400킬로미터이다. 30년 동안 그 굴 안에서 산 사람들이 있다. 그곳에는 학교도 있고 병원도 있다. 일종의 지하 나라다.

그런 상황에서 전쟁을 치렀다. 전쟁을 치르면서도 낮에는 정상적으로 일을 하고 밤에만 나와서 싸웠다. 같이 살고 있는 사이공 여성들은 전부 간첩이었다. 한국군, 미군 등에게 정보를 다 빼다 주었는데 어찌 보면 나라를 위해서 희생한 것이다.

전 세계적으로 미국을 이긴 나라는 베트남뿐이다. 그래서 그 사람들의 자존심은 하늘을 찌른다.

우리 한국 기업들이 진출한 것도 20여 년이 넘어가는데 이에 대한 것들을 정부에서 빨리 해결해 주어야 한다고 본다. 그래야만 과거의 역사를 조금이라도 해결할 수 있지 않겠는가. 그런 부분에 있어서 기업인들이 속죄하는 마음에서 솔선수범하여 이들을 도와주어야 한다고 생각한다.

우리한테는 베트남이 중요한 나라 중 하나라는 것을 김우중 회장님께 많이 들었다. 김 회장님은 베트남에 대한 투자와 애정에 있어서 국가적으로 보면 큰일을 하셨다고 생각한다. 그분의 말씀을 듣고 나도 라이따이한에 대한 관심을 가지게 되었고, 현지에 있다 보니 그들에게서 아버지를 찾으려는 애절함이 느껴졌다.

현재 베트남에는 많은 한국 기업들이 진출해 있지만 우리 언아더월드비나가 나갔을 때만 해도 한국 기업이 많지 않아서 우리가 그 가교 역할을 할 수 있어 무척 보람을 느꼈다.

우리 회사는 베트남에 진출한 이래 지금까지 베트남 불우이웃돕기를 꾸준히 해오고 있다. 우리보다 늦게 들어온 삼성전자가 사회기부금이 가장 많다. 언아더월드비나는 열 손가락 안에 든다.

또 한 가지 언아더월드비나에 얽힌 비하인드 스토리가 있다. 하마터면 베트남이 아닌 중국에 세워질 뻔한 것이다.

베트남으로 나가기 전 처음에는 중국으로 나가려고 여러 가지를 면밀하게 검토하고 다녔다. 숙고 끝에 중국 아닌 베트남을 선택한 것이 결과적으로 옳았다.

여기에서도 역사와 문화 이야기를 빼놓을 수 없다. 중국 국민들은 일본도 그렇지만 우리나라를 속국으로 본다. 문화 자체가 다른데 마치 하인 취급을 한다.

이렇다 보니 대기업들도 중국에 나가서 성공한 회사가 손에 꼽을 정도다. 중소기업은 말할 것도 없이 더 어렵다. 이러한 역사적 문화적 차이는 미래라고 해서 크게 바뀔 것 같지 않다.

언아더월드비나가 세계적 기업이 될 수 있었던 것은 첫째, 파트너를 잘 만난 것이다. 둘째, 그 나라의 문화와 잘 맞은 것이다. 셋째, 글로벌화 한 것이다.

살아남으려면 글로벌화해서 1위가 되어야 한다. 1위가 안 되면 사실 미래는 예측할 수 없다.

물론 업종에 따라 상당한 차이가 있다. 삼성도 얘기한 바 있지만 나는 미래를 예측하면서 그전부터 쭉 첨단 업종과 헬스케어의 중요성에 대해 강조해 왔다. 이 두 분야는 무궁무진한 발전이 있을 것이다.

반대로 아날로그 관련 산업들은 순식간에 사라지고 말 것이다. 예를 들어 종이 없는 세상도 벌써 도래했다. 디스플레이 자체가 없어지는 것이다. 어느새 공상과학 소설에서나 나올 법한 무서운 세상이 되었다. 그렇기 때문에 전 세계 각국에서 우주를 개발하고 있는 것이다. 지구촌에서는 더 이상 가능성을 찾기 힘들기 때문이다.

우주를 개발한다는 건 엄청난 시간과 투자가 필요하다. 답이 나오지 않을 수도 있다. 그래도 포기할 수 없는 것이다. 그곳에는 지구촌에서는 할 수 없는 일들이 무궁무진하다. 환경, 기후, 무한한 핵 문제 등등.

칸나는 아날로그 문구업체이기 때문에 미래 성장산업이 아니지만, 디지털 업체인 언아더월드비나는 새로운 분야에서 많은 도전을 하고 있기에 무한 성장 가능성이 높다. 인적 자원도 한국, 베트남, 미국, 유럽, 이스라엘 등으로 글로벌하고 R&D 쪽에서도 상당한 성과가 나타내고 있기에 그 미래가 밝다.

1961년 케네디 대통령은 "1960년대 말까지 달에 사람을 보내고 그를 지구로 무사히 귀환시킬 것이다."라고 선언했다. 전혀 불가능한 비현실적 목표라며 공격해대는 이들에게 그는 "쉽기 때문이 아니라 어렵기 때문에 그런 일을 한다."라고 덧붙였다.

빌 게이츠 또한 자신의 성공비결에 대해 "나는 힘이 센 강자도 아니고, 그렇다고 두뇌가 뛰어난 천재도 아니다. 날마다 새롭게 변했을 뿐이다. 그것이 나의 성공비결이다. 'Change(변화)'의 'g'를 'c'로 바꿔보라. 'Chance'가 되지 않는가? 변화 속에 반드시 기회가 숨어 있다."라고 말했다.

쉽게 달성할 수 없는 도전적 목표야말로 동기를 부여하고 에너지를 불러일으키는 촉매가 된다. 이런 목표에 도전했다 실패하는 것 자체가 손쉬운 성공보다 훨씬 가치가 있다.

기본적으로 모든 인간은 익숙한 지대에 오랫동안 머물고 싶은, 즉 안전지대에 안주하고 싶은 욕구를 가지고 있다. 그러나 또 다른 한편으로는 위험하지만 새로운 도전지대를 찾아 나서는 도전과 모험의 욕구가 자리 잡고 있다.

도전하지 않으면 안전하긴 하지만 성공하기는 어렵다. 이는 역사가 가르쳐준 사실이다. 안주할 것인가, 도전할 것인가는 순전히 자신의 선택에 달려 있음을 잊지 말자.

적자생존適者生存이라는 자연의 법칙에서 적자適子는 변화할 수 있는 능력의 또 다른 표현이다. 안타깝게도 많은 조직과 사람들이 변화하지 않으면 죽는 줄 알면서도 스스로 변화하지 못하고 있다. 간절히 변화를 갈망한다면 변화의 방법을 몰라서 죽는 일은 없을 것이다.

더욱이 앞으로 다가올 미래에 지금보다 변화와 혁신이 덜 요구되는 시기는 결코 없을 것이다. 피할 수 없으면 변화를 즐기는 것이 올바른 선택이다.

혁신경영을 위한 세계적 리더들의 조언

· 남이 미처 안 하는 것을 선택하라.

· 기업은 사람이 사람을 위해서 하는 활동이다.

· 남에게 의뢰하는 마음은 성공을 방해하는 가장 무서운 적이다.

· 사람이 기쁘게 만나기는 쉽다. 그러나 기쁘게 헤어지기는 어렵다.

· 한번 믿으면 모든 일을 맡겨라. 책임을 지면 사람은 최선을 다하도록 되어 있다.

– **구인회** 회장의 어록

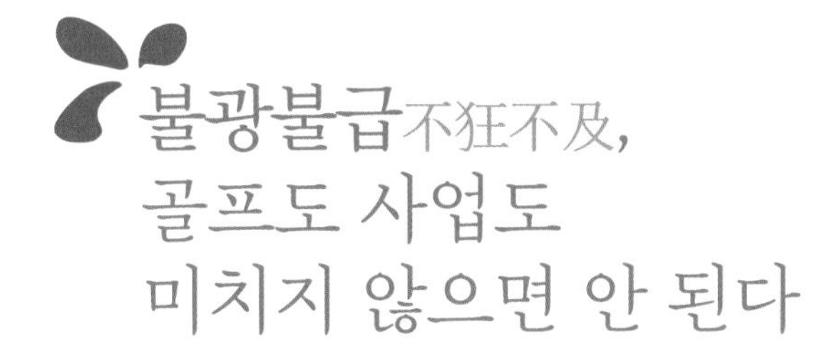

불광불급不狂不及, 골프도 사업도 미치지 않으면 안 된다

"젊은이들에게 들려주고 싶은 것은

단지 세 마디 말이면 족하다.

일하라.

좀 더 일하라.

끝까지 열심히 일하라."

- 비스마르크

우리 집 가훈은 좀 독특하다.

'이룰 수 없는 꿈이라면 시작을 말자!'이다.

해석하기 나름이겠지만 처음 듣는 사람은 고개를 갸우뚱할 수도 있을 것이다. '무슨 뜻이지? 안 될 것 같으면 아예 하지 말라는 얘기인가?'라고 생각할 수도 있을 것이다.

내가 이런 가훈을 정한 것은, 어떤 일이든 시작하기 전에 숙고하고 준비한 후에 최종 결정을 내릴 것이고, 일단 한다고 결정을 내렸으면 정말로 죽을 각오로 최선을 다해야 한다는 의미를 담고 있어서였다.

나는 이런 정신력, 즉 미쳐야 미친다는 불광불급不狂不及의 정신으로 자신의 일에 몰두하는 것이 아이들의 삶을 성장시키는 데 무척 중요한 요소라고 믿는다.

우리나라가 못살았던 시절에는 밤늦게까지 열심히 일하고, 실패해도 오뚝이처럼 일어서는 일이 당연한 일이었다. 국민 모두가 배고픔의 쓰라림을 몸소 체험했기 때문에 성공이나 부자에 대한 열망과 동경도 컸다. 그래서 쉽게 포기하지 않을 수 있었다. 더 악착같이 공부하고 더 악착같이 일했다.

세계 최빈국의 하나였던 우리나라가 경제대국 10위권으로 성장하면서 많은 것이 변했다. 좋은 변화도 있지만 나쁜 변화도 있다. 국가경쟁력이 올라갈수록 세계적인 경쟁력을 갖추어야 하고, 그러기 위해서는 쉼 없는 연구 노력이 필요한데, 요즘의 청년들은 자신의 꿈을 너무 쉽게 포기하고 자신의 삶을 너무 쉽게 결정하는 것 같아 참 아쉽고 안타깝다.

물론 시대가 달라졌고 모든 것이 빨리 변하는 21세기를 살아가는 청년들의 아픔과 힘겨움도 이해한다. 예전이 무조건 옳다는 것이 아니다. 다만 조금 더 자신의 삶에 대한 깊은 성찰과 미래에 대한 확실한 비전을 갖고, 그것이 어떤 일이든 정말 '열심히' 했으면 좋겠다.

여러분은 99와 100의 차이를 아는가?

교원그룹의 장평순 회장은 신입사원 시절 99번을 찾아가도 거절하던 곳이 100번째 가니까 사준 경험을 한 적이 있다고 한다. 99번 찾아가서 포기했다면 그 99번은 모두 버리는 것이다.

증기기관차가 움직이는 것도 마찬가지다. 섭씨 99도에서 100도를 넘어서야 움직인다. 목표를 세우고 끈기를 갖고 끝까지 해내는 것이 성공의 비결이라는 것이다.

99와 100의 차이는 단순한 1의 차이가 아니다. 가능과 불가능, 존재와 부존재를 가르는 결정적 차이이다. 성공하지 못하는 것이 아니라 그만두는 것이 실패이다. 위대한 성공의 돌파구는 포기하려는 단계를 넘어설 때 비로소 우리를 찾아온다.

장애물에 막혀 잠시 보이지 않을 뿐 고지가 바로 저기인데, 조금만 더 노력하면 그 고지를 점령할 수 있는데, 그 순간 포기해 버리면 그때까지 쏟아부은 노력이 너무 아깝지 않은가.

나는 살아가면서 어떤 일이든 겁을 내고 두려워해 본 적이 별로 없다. 그래서인지 승패를 확실히 가를 수 있는 운동을 좋아한다.

2015년 기흥의 골프연습장 윈도어를 매입하였다. 운동시설의 대부분은 소위 말하는 깡패들이 점유하고 있는 걸 알면서도 경매에 뛰어들었다. 내게는 '자기들도 사람이고 나도 사람인데 뭘 어쩌겠어?' 하는 뚝심이 있었다. 그래서 깡패들이 진을 치고 있어도 눈 하나 깜짝 안 했다. 원하는 것을 얻을 때까지 오롯이 밀고 나가면 결국은 자신이 하고 싶은 대로 할 수 있는 것이다.

그런데 내가 겉은 이리 강해 보여도 속은 여릴 때도 많다. 텔레비전을 보면서도 가슴 아픈 사연이 나오면 아내 몰래 눈물을 훔치기도 한다. 다만 지는 것을 싫어한다. 골프 경기에

서 프로선수들을 제외하고는 날 이겨본 사람이 거의 없다. 물론 거저 얻은 승리는 아니다. 지기 싫기 때문에 남들보다 더 열심히 노력한다.

골프도 사업이나 마찬가지다. 거기에 빠지지 않으면 별 볼 일 없게 된다. 우리나라 골프선수들 중 왜 남자들보다 여자선수들이 더 좋은 성적을 내겠는가? 간단하다. 연습 볼을 여자선수들이 훨씬 많이 쳤기 때문이다. 노력을 이기는 것은 세상에 아무것도 없다.

또 한편 겁을 내지 않는 성격 탓에 죽을 뻔한 적도 있다.

결혼 전 신길동 한 은행 앞에서 일어난 일이다. 급여를 찾아서 막 은행 문을 나선 손님에게 오토바이 한 대가 질주해 오고 있었다. 오토바이가 내 시야에 들어오자마자 그들이 소매치기 일당임을 직감했다.

그 순간 나는 앞뒤 가리지 않고 달려들어 오토바이를 넘어뜨리고 소매치기 2명을 제압했다. 마침 이 광경을 목격한 사람이 경찰에 신고하여 2명 모두 잡았다.

그런데 이때 그만 소매치기한테 칼을 맞고 말았다. 너무 긴박했던 상황이라 처음에는 다쳤는지도 몰랐다. 얼굴에서 피가 뚝뚝 떨어지고 그런 내 모습을 본 사람들이 비명을 질러대서 비로소 알았다.

나는 내 발로 병원으로 가서 얼굴 20바늘을 꿰맸다. 아직도 내 얼굴에는 그 흔적이 남아 있다. 당시는 어렵게 살아서 보험도 없었다. 좋은 일을 했는데도 보상은커녕 내 돈으로 치료했다.

가끔 그때 생각이 나면 후회스럽기도 하지만 지금도 그때 상황이 재현된다면 나는 또 똑같이 행동할 것 같다. 나쁜 일을 보고 그냥 지나치는 건 내 성격에 맞지 않고, 불의에 대해서는 고개 숙이지 않는다고 자부하기 때문이다.

어쨌든 골프장 인수는 또 다른 도전이자 새로운 투자였다.

신원CC의 이사를 맡으면서는 회원들에게 많은 것을 가르쳤다. 신원은 740명 회원이 전부 다 한 주씩 가지고 있는 주주이다.

회원들은 대부분 한 회사만 운영하다 보니 의외로 자기 회사 일 외에는 모르는 것이 많았다. 그에 비해 나는 살면서 참 많은 경험을 해오지 않았는가. 리모델링도 해봤고 골프연습장도 해봤고 해외에 건물도 공장도 지어봐서, 그런 경험담을 얘기해 주면 회원들이 무척 공감하면서 많은 것을 배운다고 했다.

전문직이라고 해도 어느 분야의 전문직이냐에 따라 문화도 다르고 노하우도 다르다. 그 때문에 서로 매치시키기가 어렵다. 옷을 입는 걸 봐도 알 수 있다. 청바지 위에 양복을 입으면 대부분 안 어울린다.

기업도 마찬가지다. 한 폭의 그림처럼 물체와 배경이 어우러져야 한다. 물체를 도드라지게 하기 위해 배경이 있는 것이지, 포커스에 잡히는 물체보다 배경이 더 화려하면 안 된다. 경영자와 직원이 잘 매치되어야 하는 것이다.

기업은 나 혼자서는 만들 수 없고 결국 사람들이 만드는 것이다.

그래서 나는 직원을 뽑을 때도 인성을 가장 중요하게 여긴다. 소중한 인재를 적재적소에 배치하고 잘 컨트롤할 수 있는 사람이 가장 이상적인 경영자라고 생각한다.

자동차 부품도 약 4만 가지 부품으로 연결되어 있다. 이 중 하나라도 빠지게 되면 자동차가 움직이지 못한다. 구성원 각자가 자신의 역할을 다해야 최상의 컨디션을 유지할 수 있다. 최상의 컨디션을 유지해야 최상의 제품도 나올 수 있다.

골프장 사업도 이와 다르지 않다. 종사자 모두가 하나의 톱니바퀴처럼 잘 물려서 돌아갈 때 더 성장하고 발전할 수 있는 것이다.

불광불급不狂不及이란 말처럼 미친 듯한 열정과 승부욕이 없으면 위대한 성취는 불가능하다. 골프도 사업도 미쳐야 미친다.

혁신경영을 위한 세계적 리더들의 조언

- '비판받는 것을 두려워한다면 그냥 아무것도 하지 않으면 된다.
- 빛나는 것은 지속하지 않기 때문에, 회사는 빛나는 것에 빠지지 말아야 한다.
- 경쟁자만 바라본다면, 경쟁자가 무언가 새로운 것을 할 때까지 기다려야 한다. 고객에 집중하면 선구자가 될 것이다.
- 지혜롭지 않은 사람과 어울리기에는 우리의 인생은 너무 짧다.
- 아마존은 18년 동안 3가지 생각으로 성공을 이룩했다. 고객을 우선 생각하라, 개발하라, 그리고 인내하며 기다려라.

– **김승연** 회장의 어록

한 손은 나를 위해 다른 한 손은 남을 위해

"기억하라.

만약 도움을 주는 손이 필요하다면

너의 팔 끝의 손을 이용하면 된다.

네가 더 나이가 들면

왜 손이 두 개인지 깨닫게 될 것이다.

한 손은 너 자신을 돕는 손이고

다른 한 손은 다른 사람을 돕는 손이다."

- 오드리 햅번

영국 배우이자 자선가인 오드리 햅번이 사망 1년 전에 아들에게 쓴 편지 내용이다. 자신을 절망에서 구해준 것이 다른 사람들의 사랑이었음을 깨달은 오드리 헵번은 말년에 다른 사람을 구하는 일에 앞장섰다.

이 글을 볼 때마다 가슴이 숙연해지고 나도 지금보다 더 다른 이들을 위해 나의 삶을 나누어야겠다는 다짐을 하게 된다.

나는 봉사나 나눔은 자신이 할 수 있는 선에서, 자신이 할 수 있는 만큼, 언제 어디서든 가리지 않고 하는 것이 가장 중요하다고 생각한다.

위대한 인물들처럼 인류를 위해 헌신하는 것도 존경받아 마땅하지만, 스스로 노력하여 얻은 열매를 그것이 크든 작든 상관없이 타인과 나누려 하는 마음, 나는 이 또한 무척 소중하고 의미 있는 것이라 믿는다.

코로나19로 인해 사회적 거리두기가 당연한 일상이 되고, 온 세계가 자신의 나라 안에 갇혀 있는 이때, 이런 때일수록 감동을 회복해야 한다. 글 한 줄, 노래 한 소절에도 마음이 따스해질 수 있는 그렇게 심금을 울릴 수 있는 것들이 필요하다. 이런 생각이 들 때마다 나는 소소하지만 내 진심이 담긴 글들을 내가 찍은 사진과 함께 적어놓곤 한다.

당신의 심금을 울리는 몇 가지

강마른 대지 위로 촉촉이 울려 퍼지는
눈부신 햇살의 속삭임.
깜깜한 수평선 너머 한 자락 바람으로 다가와
시린 마음을 토닥토닥 달래 주던 밤바다.
창공을 가르며 이곳이 아닌 저곳을 향해
거침없이 나아가는 한 무리의 새떼.
잔뜩 찌푸린 하늘을 하릴없이 올려다볼 때
새하얀 축복처럼 펑펑 쏟아져 내리는 눈송이.
곧게 뻗은 나무를 양옆에 거느리고
타박타박 가슴으로 걷는 청아한 숲속의 산책길.

아무도 없는 어두운 골목길에서도
끊임없이 깜박이는 긍정의 푸른 신호등.
오늘과 내일의 어떤 것으로도 대신할 수 없는
아련한 추억.
모락모락 김이 올라오는 호빵처럼
따끈하고 달착지근한 정情.

괜찮아 괜찮아 조심스레 잡은 손을 타고 전해지는
애틋한 체온.
기다릴 땐 오지 않다 잊어버릴 만하면 나타나
여윈 삶을 비춰 주는 희망이란 이름의 등대.

스산한 겨울밤을 고단하게 걸어가는
세월로 휜 아버지의 슬픈 어깨.
인생의 쓴맛 단맛을 두루두루 맛보았던
굳은살 박인 정직한 손과 발.
이 악물고 참다가 끝내는 떨구고야 마는
최선을 다한 패자의 쓰라린 눈물.
가질 자격이 충분한데도 갖지 못한 것에 대해
불평하지 않는 사람의 그윽한 향기.
깊게 파인 주름살 너머 일편단심 자식만을 향해
환하게 미소 짓는 노모의 얼굴.

건네고 싶다,
당신의 심금을 울리는 이 모든 것.

심금을 울린다는 건 무엇일까? 마음이 건네는 말 한마디와 등을 토닥여 주는 따스한 위로가 아닐까.

'대얏물의 원리'라는 게 있다. 대야에 들어 있는 물은 자기 쪽으로 끌어당기면 오히려 반대 방향으로 흘러가 버리고, 반대쪽으로 밀어내려고 하면 오히려 자기 쪽으로 흘러오게 된다. 즉 내가 얻는 것보다 남에게 주는 것을 먼저 생각할 때 더 많은 것을 얻을 수 있는 것이다.

리더십 분야의 대가 제임스 쿠제스도 "사람들이 리더를 기억하는 것은 그가 그 자신을 위해 한 일 때문이 아니라 다른 사람들을 위해 한 일 때문이다."라고 했다. 내가 남에게 주는 것을 행복하게 여길수록 더 많은 사람들이 내 주위에 있는 것을 좋아하게 된다.

나눔이란 이렇듯 나눌수록 커지는 것이다.

나는 개인적으로 사회봉사 활동을 많이 하는 뽀빠이 이상용 씨와 친분이 있다. 이분께서는 심장병 어린이 400~500명을 고쳐주셨다. 그런데 그들 중 한 명도 전화도 없고 찾아오지도 않는다고 했다. 그러면서 하시는 말씀이 인상 깊었다.

"내가 기부를 하게 되면 자신도 모르게 반대급부로 뭘 바라게 돼. 그래서 나는 불특정다수한테 기부해. 내가 도와준 사람이 누군지 모르게 말이야."

이 말씀을 듣고 이후부터는 나도 아예 반대급부를 바랄 수 없게끔 불특정다수에게 장학금을 기부하게 되었다. 가끔 초빙강사로 대학에 가 강의를 하고 강연료를 받으면 받은 강연료의 배를 그 학교에 기부하고 온다.

이전부터 기부는 꾸준히 해오고 있다. 주로 학생들을 위한 장학금을 기부하지만, 계획 없이 즉흥적으로 기부를 할 때도 많다.

한 번은 부부동반으로 중국에 갔다가 상해 대한민국임시정부 청사를 방문한 적이 있다. 그런데 무척 충격을 받았다. 대한민국이 태어난 임시정부가 너무 초라하고 누추하였기 때문이다.

그 모습을 보고 나는 그 자리에서 아내와는 상의도 없이 갖고 있는 모든 돈을 몽땅 기부하고 왔다. 정말 수중에 커피 한 잔 마실 돈도 없었다.

우리가 다녀온 이후 그곳을 방문한 사람들 말로는 내가 기부명단에 올라 있다고 했다.

그런데 나는 기부를 하면서도 '과연 이 돈이 임시정부청사 운영에 옳게 쓰일까?' 하는 걱정이 들었었다. 그래서 그곳을 관리하고 계신 분들에게 충정으로 부탁을 드렸던 기억이 난다. 우리나라 국민도 정부도 조금 더 관심을 가지고 많은 지원을 해주기를 부탁드린다.

해마다 하는 일 중에 가평 꽃동네 마을을 방문하여 봉사하는 일이 있다.

아이들이 초등학교 다닐 때부터 지금까지 매년 4회에 걸쳐서 다니고 있는데, 그곳에는 거의 침대에서 움직이지 못하는 분들이 모셔져 있다. 한시라도 자원봉사자 없이는 움직일 수조차 없는 분들이다.

처음에는 그곳에 갔다 오면 밥도 제대로 못 먹었다. 몸을 움직이지 못하시니 대소변을 받아내야 하고 자원봉사자들이 아무리 보살펴 준다 해도 한 번 밴 냄새는 잘 빠지지 않아서 악취가 심했다.

그러나 몇 년을 계속 다니며 봉사하다 보니 이제는 그분들과 같이 스스럼없이 밥을 먹는다.

아내와 아이들과 함께 가족이 똘똘 뭉쳐 봉사하고 오면 몸은 힘들어도 마음은 얼마나 흡족한지 모른다. 돈을 통한 기부도 좋지만 이렇게 몸으로 대신하는 봉사도 무척 의미 있는 일이다.

작년 한 해는 우리 모두에게 악몽의 시작이었다. 코로나19 팬데믹의 기습적 공습으로 우리나라뿐 아니라 세계가 공황 상태에 빠져들었다. 전에는 한 번도 경험해 보지 못했던 공포였다.

원인 모를 바이러스의 공격에 사람들은 속수무책이었다. 점점 심각해져 가는 실시간 국내상황 뉴스에 모든 이들의 관심이 쏠려 있었다.

이런 때일수록 어렵게 사는 사람들은 더 힘들 텐데… 가평 꽃동네 어르신들도 걱정되고 학교에 가지 못하는 학생들도 걱정이었다. 조금이라도 그들에게 도움이 되는 방법을 찾고 싶었다.

그러던 4월 국내에서 첫 무더기 확진자가 쏟아져 나왔다. 대구에서였다. 대구와 거리가 가까운 상주도 걱정이 앞섰다. 그러던 차에 고향 분들한테 이런저런 얘기 듣다 보니 상황이 너무 심각했다.

나는 어떤 기부든 바라는 것은 하나밖에 없다. 정말 소금처럼 꼭 필요한 곳에 쓰였으면 하는 것이다. 나는 지체 없이 고향에서 힘들어하는 어려운 이웃분들을 위해 기부하였다. 이로써 농부의 아들이 상주 지역 네 번째 아너 소사이어티가 되었다.

탈무드의 "한 개의 촛불로 많은 촛불에 불을 붙여도 처음의 촛불의 빛은 약해지지 않는다."라는 글귀처럼 내 작은 기부가 더 많은 곳에 전파되어 세상이 조금이나마 밝아지기를 소망한다.

지금까지 칸나를 경영하는 동안 개인적으로도 기부를 계속하였고, 베트남에서는 언아더월드비나를 통해 기부하고 있다. 그러고 보면 기부도 중독인 듯하다.

기부를 하는 것은 타인을 위해서이기도 하지만 나 자신을 위해서이기도 하다. 남들에게 고맙다는 말을 많이 들으면 들을수록 가슴이 따스해지고, 가슴이 따스해지면 행복의 꽃이 활짝 피어난다.

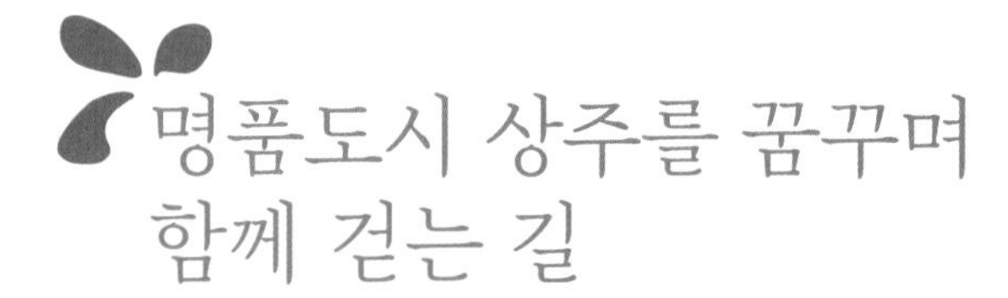

명품도시 상주를 꿈꾸며 함께 걷는 길

"내 앞으로 걸어가지 마라,
나는 따라가지 않을 테니.
내 뒤를 따라오지 마라,
나는 이끌지 않을 테니.
내 옆에서 걸으면서
친구가 되어다오."

- 알베르 카뮈

내가 태어난 곳은 경북 상주시 함창읍 하갈리이다. 상주는 면적으로 보면 서울보다 크다. 인구로 보면 베이비부머 세대들이 살 때는 28만 명까지 살던 도시인데, 지금은 인구수가 9

만 8천 명 정도밖에 안 된다.

나이가 들수록 부쩍 고향에 대한 애정이 커진다. 고향이란 내 정신적 뿌리이자 정신적 지주이기 때문이다. 나는 고향을 '정처'라고도 부른다. '정할 정定' 자가 아닌 '뜻 정情' 자를 쓴 '정처情處'이다. 고향은 내가 나고 자란 곳이자 나의 과거가 있는 곳이며 정이 담뿍 담긴 곳이자 오늘날의 내가 존재할 수 있게 해 준 마음의 안식처이다.

그런 고향에 갈 때마다 나는 늘 '내가 상주를 위해 어떤 일을 할 수 있을까?'라는 생각을 많이 한다. 가능한 한 앞으로 계속해서 막연하지 않고 구체적이면서, 고향분들에게 실질적인 도움이 될 수 있는 일을 해 나가고 싶다.

그러던 어느 날 우연히 고향친구에게 부도가 난 채 오랫동안 방치된 건물이 있다는 얘기를 들었다. 상주에 내려갔다가 직접 그 건물 앞을 지나치다 보니, 내가 보기에도 상주 중앙부에 방치된 건물이 있다는 것 자체가 마음이 안 좋았다. 쇠락한 채 방치된 건물이 하필이면 상주의 얼굴을 대표하는 중심부에 자리 잡고 있다니… 마음이 저려와 한동안 먹먹했다. 더욱이 이 자리는 옛 상주군청 자리였다.

고향을 위한 이런저런 일들을 계획하고 있는 터라 아무래도 그냥 넘길 수가 없었다. 이것도 인연인가 싶었다. 그 당시 건물 이름은 동영빌딩이었다. 군청 터라는 의미도 있고 중심부라는 상징성도 갖고 있어서 나는 이해득실을 따질 것도 없이 오랫동안 방치된 건물을 매입하였다.

그러고는 상주를 대표하는 삼백(三白, 흰 농산물 3가지 – 쌀, 곶감, 누에고치)이란 단어를 따와 건물명을 '삼백타워'로 바꾸었다. 내 마음의 정처인 상주를 아끼고 사랑하는 의지이자 신념의 또 다른 표현이었다.

내가 갑작스럽게 폐허나 다름없는 건물을 매입하려 하자 상황을 모르는 주변 사람들이 모두 만류하고 나섰다. 오죽하면 그렇게 오랫동안 방치되어 있겠느냐가 가장 큰 이유였다. 손해를 봐도 크게 볼 것이라고 입을 모았다.

그러나 내게는 손해 보는 것이 문제가 아니었다. 내가 삼백타워를 매입한 것은 돈을 벌기 위해서가 아니었다. 오히려 고향을 위해 돈을 쓰고 싶어서였다.

매입을 결정한 후, 나는 지금까지 그러했던 것처럼 뒤돌아보지 않았다. 앞으로 어떻게 하면 상주 중심부에 위치한 이 삼백타워를 활성화시켜 고향분들에게 도움이 될 것인가만 생각했다. 고향친구들에게도 반드시 이 폐허 같은 건물을 상주시를 대표하는 랜드마크로 만들겠다고 약속했다.

나는 입 밖으로 내놓은 말은 반드시 지키는 사람이다. 약속은 지킨다는 신념으로 평생 살아온 사람이다. 그 때문이기도 하지만 여기에는 더 중요한 것이 있었다. 고향분들에게 현실적으로 도움을 줄 수 있는 건물로 만드는 것이었다.

삼백타워

그러므로 어느 것 하나 대충 할 수 없었다. 철저한 사전 준비를 마치고 대대적인 리모델링을 진행하였다. 4층과 5층에는 사우나와 헬스장을 만들어 상주시민들이 마음 편히 쉴 수 있는 공간을 마련하였다. 상주뿐 아니라 서울에서도 보기 드문 최신식 설비를 갖춰놓으니 상주시민들이 무척 좋아했다.

이제 사우나는 4년차이고 헬스장은 3년차이다. 한 해에 무료쿠폰으로 나가는 것만 2만 장이다. 상주시민이 10만 명 정도 되므로 상주시민 다섯 명 중 한 명꼴로 무료 쿠폰을 나눠주었다는 이야기다.

삼백사우나 4층

삼백헬스 5층

나는 현상 유지만 하면 되었다. 그 이상 바랄 것이 무엇인가. 처음부터 고향에 봉사한다는 생각으로 매입한 건물이었다. 더군다나 아내의 고향도 상주이다. 아내의 보이지 않는 조력도 내게 큰 힘이 되었다. 우리 할아버지 할머니들이 정말 편안하게 오셔서 운동하고 사우나 하면서 보내셨으면 하는 바람뿐이었다.

그리고 올해 7월 건물 7층에 최고의 시설에 가장 저렴한 이용요금으로 스크린 골프장을 오픈하였다.

상주는 골프인구가 소도시 비례하면 전국에서 제일 많으

며, 고교동창들이 매주 상주블루원 CC에서 개최하는 대회가 유명세를 타고 있어서 앞으로 골프에 대한 상주시민들의 관심은 더 높아질 것이다.

내게는 삼백타워를 매입할 때부터 세워놓은 꿈이 있었다. 삼백타워를 헬스케어 건물이자 어르신들의 휴식처로 만드는 것이었다. 그 꿈을 이루기 위해 몇 년 동안 부단히 노력해 왔고, 그 결과 현재 삼백타워 한 건물 안에 사우나, 헬스, 골프 시설을 완벽히 갖춤으로써 명실상부한 헬스케어를 지향하여 고향분들의 건강지킴이가 될 것이라 자부한다.

삼백스크린골프장 7층

삼백주차장

현재도 미래도 나는 삼백타워를 우리 상주시민들에게 건강과 휴식 그리고 힐링을 동시에 줄 수 있는 휴식처 건물로 만들기 위해 많은 노력을 할 것이다.

이런 정성이 통했는지 현재는 폐가를 특급 호텔로 만들어

봤다고 시민들께서 칭찬을 많이 해 주신다. 이럴 때마다 우리 부부는 무척 보람을 느낀다.

2016년 삼백타워를 매입하기 전부터 나는 고향을 위해 크고 작은 기부들을 계속해 오고 있다. 칸나를 인수한 1998년부터 올해에 이르기까지, 매년 상주시 전체 초·중·고등학교 학생들에게 무상으로 노트를 제공해 왔는데 이런 기부활동도 어느새 20년이 넘었다.

나의 바람은 고향의 미래를 책임질 꿈나무들이 바르게 잘 자랄 수 있도록 도움을 주는 것이고, 고향 어르신들이 여생을 안락하게 보낼 수 있는 환경을 조성하는 것이며, 한 걸음 더 나아가 상주시민 모두가 더 풍요로운 내일을 맞이할 수 있도록 행복의 마중물을 붓는 것이다. 마중물이란 메마른 펌프에 물을 끌어올리기 위해서 먼저 붓는 한 바가지 정도의 물을 말한다.

나는 이런 신념으로 앞으로 고향과 시민들을 위해 내가 어떤 사회활동을 해야 더 효과적인지에 대해 계속 고민 중이다. 지금에 만족하지 않고 계속해서 시민들과 더 협의하여 방법을 찾아 나갈 것이다. 또 언젠가 기회가 되면 마중물처럼 상주의 발전과 상주시민들을 위해 이 건물을 사회 환원할 계획도 가지고 있다.

마중하는 한 바가지 물은 비록 보잘것없는 적은 물이지만 혼자 힘으로 세상 밖으로 나올 수 없는 깊은 샘물을 퍼 올릴 수 있듯이, 나 역시 마중물의 정신으로 상주시민들과 소통하고 행복한 상주 만들기에 일익을 담당할 수 있다면 더 바랄 게 없겠다.

또 한 가지, 내가 고향을 위해 꼭 하고 싶은 일이 있다. 바로 농사에 IT를 접목하여 꿈을 현실화시키는 것이다.

상주는 예로부터 농업의 도시이다. 나는 현재 언아더월드비나라는 IT사업을 하고 있어서 IT에 관한 한 전문가라 할 수 있고, 그런 이점을 살려 앞으로 우리 상주를 어떻게 IT화 시킬까에 집중하고 있다.

미래는 사람 힘으로만 하는 건 안 된다. 이미 자율주행이 가능한 전기차까지 나오지 않았는가. 모든 것에 IT를 적용하면 사람 힘 안 들이고 할 수 있는 부분들이 무척 많다. 농촌에 대한 관심이 없기 때문에 아이디어를 못 찾는 것일 뿐이다.

나는 어릴 때부터 감 농사를 지었던 경험을 살려 이미 상주의 특산물인 곶감 깎는 기계를 제안한 바 있다.

그래서 기계장비만 보면 '저걸 어떻게 하면 사람 힘 빌리지 않고 할 수 있을까?' 그런 생각부터 한다. 사실 자동화시키는 건 그리 어려운 일이 아니다. 우리 민족이 어떤 민족인가. 세계 제일의 반도체를 만들어 내고 로봇도 만들어 내는데 자동화쯤이야 기술 축에도 못 낀다.

이러기 위해서는 첫째, 지금이라도 빨리 경지정리를 해야 한다. 경지정리란 필지 크기가 작고 모양이 불규칙한 일단의 경지를 한꺼번에 갈아엎어 적정한 크기로 반듯하게 구획을 정리하고, 농로를 영농기계화에 알맞도록 정비하여 농업 생산성을 향상하고 쌀 자급 기반 확보와 농촌환경 개선을 위한 것이다.

현재의 경지정리는 약 50년 전에 만들어진 것이다. 농사에도 AI가 접목되고 있는 4차 산업혁명 시대에는 맞지 않는다. 이제는 사람의 힘으로가 아닌 기계장비를 자동화시켜 농사를 지어야 한다. 그렇게 하려면 농지정리가 대형화가 되어야 하고 대형화가 되려면 영농법인이 별도로 설립되어야 한다.

영농법인화라는 건 다른 것이 없다. 땅 크기에 따라서 땅의 주인들이 지분만 가지고 있으면 된다. 거기에 따라 농사인건비가 자동화로 대체되기 때문에 콤바인이나 트랙터에 자율주행 장치만 심어놓으면 된다. 그렇게 되면 기계가 농사짓는 세상에 살게 되는 것이다.

둘째, 농사를 지으면 팔아야 할 곳이 있어야 한다. 그러므로 2차 가공산업이 들어와야 한다. 예를 들어 코카콜라 같은 음료수를 농수산물로 가공한다고 하면 해당 기업 한 군데만 끌어들이면 된다. 나는 글로벌 인적 네트워크를 통해 다양한 분야의 사람들과 연계되어 있다. 이것을 십분 활용하면 된다. 결코 꿈 같은 얘기가 아니다. 얼마든지 현실화 가능한 이야기이다.

현재는 '농업의 6차 산업화'라는 말까지 등장했다. 즉 현대적 농업이란 단순하게 먹거리 생산 위주의 1차 농업을 극복하고 IT(정보통신), BT(바이오), ET(환경), NT(나노) 등 첨단기술과의 융합 및 접목을 통해 농업을 고부가가치 산업으로 발전시키는 것이다.

미래는 식량 즉 먹거리 분야가 굉장한 첨단산업이 될 것이다. 예나 지금이나 기후 변화에 따라 농사짓는 것이 무척 어려웠다. 그런데 이런 산업을 끌어들여 농사를 짓게 되면 농사짓는 사람들도 황금알을 낳을 수 있다.

상주에 존재하는 유형 및 무형의 자원을 기반으로 농업과 식품, 특산품의 제조와 가공(2차 산업)을 하고, 여기에서 한 걸음 더 나아가 유통과 판매, 체험, 관광 서비스, 문화(3차 산업) 등의 연계가 이루어진다면 농업도 빠르게 발전할 수 있다. 이처럼 상주를 단순생산지가 아닌 가공제조는 물론 체험교육과 서비스 유통 및 판매까지 확장하는 지역으로 만든다면, '농업의 6차 산업화를 선도하는 상주시'가 될 수 있을 것이다.

이렇게만 되면 안정적으로 농사를 지을 수 있고 안정적인 판로 또한 확보할 수 있다. 그에 따라 2차 가공산업이 발전되므로 외부 인원도 자연스럽게 상주로 유입될 수 있다.

즉 농사+IT, 판로 확보, 인구 유입이라는 1석 3조의 효과를 거둘 수 있는 것이다.

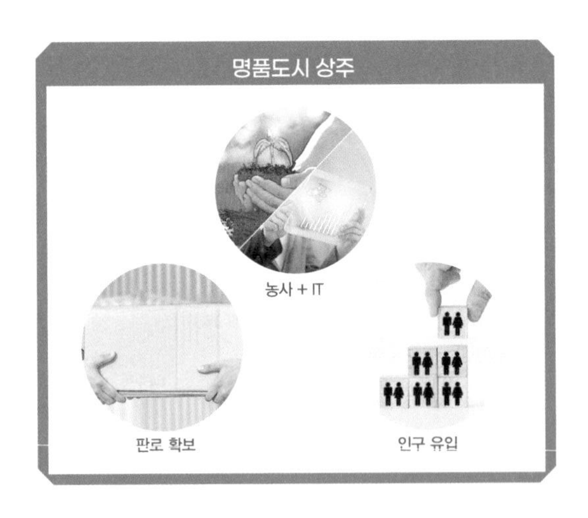

예로부터 내 고향 상주는 '웅주거목(雄州巨木, 땅이 넓고 산물이 풍부함)'이라 불려올 만큼 고려시대에는 전국 8목 중 하나였으며 조선시대에는 관찰사가 상주목사를 겸하는 등 언제나 역사의

중심에 자리해 왔다.

'경상도慶尙道'라는 지명 또한 경주慶州와 상주尙州의 앞글자를 각각 따온 말로서, 우리 상주가 경상도의 뿌리임을 방증한다.

우리나라 남북을 잇는 교통·군사 요충지였던 상주답게 현재는 사통팔달의 광역교통망이 완성되면서 4개의 고속도로(중부내륙고속도로 / 상주·청원고속도로 / 상주·영천고속도로 / 상주·영덕고속도로)가 연결되어, 상주는 국토의 최중심이라는 타이틀을 갖게 되었다.

상주의 사통팔달 교통환경은 2시간 안팎으로 도시와 농촌, 전국 방방곡곡을 이어준다. 교통인프라가 갖춰지면 물류운송이 편리해져 원가를 절감할 수 있고 산업발전의 토대가 된다. 산업이 발전하면 인구가 늘어나고 소득이 증대되는 효과를 가져온다.

이처럼 내 고향 상주에는 과거, 현재, 미래가 공존한다. 과거에는 충과 효의 올곧은 선비정신을 앞세운 수많은 충신과 지사가 있어 자랑스러운 역사의 맥을 이어왔고, 현재는 대한민국 대표 친환경 농업의 중심도시로 성장하여 도농 복합형 전원도시로 거듭나고 있으며, 미래에는 사람이 중심이 되고 더불어 다 같이 잘 사는 명품도시로 자리매김하기 위해 비상의 날갯짓을 하고 있다.

나는 천년의 민족문화유산을 이어온 영남의 상징이자 젖줄인 낙동강이 감싸 안은 삼백의 고장, 내 고향 상주에 대해 누구보다 자랑스럽게 생각한다.

내 소원은 농촌도 도시 못지않게 잘사는 마을이 되는 것이고, 농부들이 조금이라도 덜 힘들게 농사를 짓게 하는 것이다. 어릴 때 힘들게 농사를 지을 때에도 언젠가는 꼭 이런 날이 오면 좋겠다고 꿈꾸곤 했다.

생생하게 상상하고 간절하게 소망하라 했다. 진정으로 믿고 열정적으로 실천하면 무엇이든 이룰 수 있다.

나는 믿는다.

언젠가는 반드시 내가 고향을 사랑하는 작은 발걸음들을 모아 불가능해 보이는 꿈을 현실화시킬 수 있을 것임을.

고향분들의 앞도 뒤도 아닌 바로 곁에서, 여러분의 길동무가 되어 내 고향 상주가 더 행복하고 더 잘사는 도시로 거듭나기 위해 내 여생을 바칠 것임을.

이것이야말로 내가 그동안 살아오면서 씨앗을 뿌리고 싹을 틔워 물을 주고 꽃을 피워 열매를 맺어 함께 나누는 내 인생의 큰 그림임을.

길동무

- 이상배

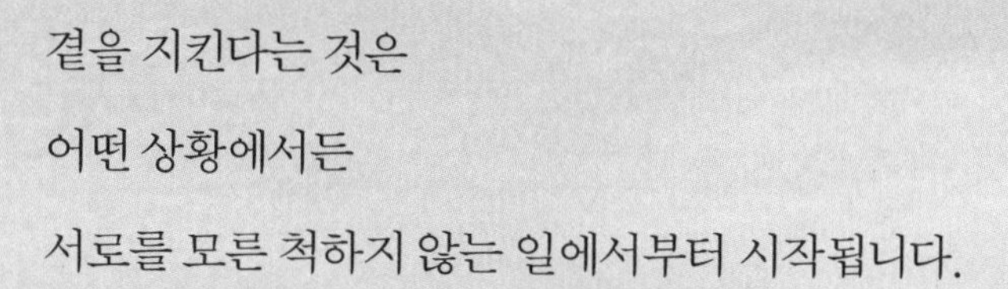

곁을 지킨다는 것은

어떤 상황에서든

서로를 모른 척하지 않는 일에서부터 시작됩니다.

행복과 불행, 희망과 절망,

기쁨과 슬픔 등을 반반씩 쪼개 하나씩 나눠 갖는 일보다,

멋진 일이 세상에 또 있을까요.

같은 쪽을 바라보는 길동무가 있어

먼 길도 가깝게 느낄 수 있다면,

당신은 이미 행복한 사람입니다.

Epilogue

코로나19 팬데믹으로 전 세계가 혼란에 빠져들었던 2020년, 나는 또다시 새로운 도전을 꿈꾸었다. 바로 글을 쓰는 것이었다.

오늘이 힘들수록 내일을 준비해야 한다는 것이 평소 나의 지론이다. 힘들다고 아무것도 하지 않으면 아무것도 변화하지 않는다. 과거를 기억하고 현재에 노력해야 미래가 달라질 수 있는 것이다.

"욕지미래 선찰기연欲知未來 先察己然"

명심보감 성심편에 나오는 글귀로 미래를 알려거든 먼저 지나간 일을 살펴보라는 의미를 담고 있다.

나는 이 글귀를 마음에 새기며 글을 쓰기 시작하였다. 신종 바이러스로 인해 세상은 끝이 보이지 않는 싸움이 계속되고 있었지만, 오히려 이렇게 혼란스러운 시대일수록 가장 기본이 되는 나 자신을 되돌아보는 것이 꼭 필요하다고 생각했기 때문이다.

그동안 내가 걸어온 길을 찬찬히 되짚어보고, 그것을 거울 삼아 미래로 나아가리라. 이것이 내가 책을 출간하게 된 동기였다. 이를 계기로 예전부터 막연히 생각만 해오던 글쓰기를 행동으로 옮길 수 있었다.

삶이란 내가 써 내려간 글과 같다 했다. 나의 일과 삶을 가감 없이 있는 그대로 서술하기 위하여 한 자 한 자 진심과 정성을 다하였고, 그렇게 시간을 아껴가며 글쓰기에 푹 빠져 있던 지난겨울과 봄, 여름은 내 인생에서 무척 특별하고 뜻깊은 시간이었다.

글을 쓰며 내가 지나온 길을 되돌아보니 때로는 시련으로 눈물 흘리기도 하고, 때로는 새로운 도전에 가슴 설레기도 하고, 때로는 노력의 결실인 성공의 기쁨을 맛보기도 하였다.

누구의 삶인들 귀하지 않을까. 누구나 자신의 인생에 있어서는 조연이 아닌 주인공이다. 내 인생의 주인공으로 산다는 것은 곧 스스로를 믿는 것이다.

내가 나를 믿지 못하는데 누가 나를 믿겠는가. 내가 갈 길은 스스로 만들어 가면 된다. 자신을 믿고 자신의 신념대로 주체적이면서 능동적으로 자신이 갈 길을 스스로 만들어 가는 것. 그것이 내 인생의 주인공이 되는 길이다.

그런 면에서 나는 지나온 삶에 후회가 없다. 나 자신을 믿었고, 실패해도 주저앉지 않았으며, 미래를 위해 오늘의 고통을 기꺼이 감내하였기에 가능한 일이었다.

일과 관련해서는 누구나 할 수 있는 일보다 누구나 할 수 없는 일을 하기 위해 평생 노력하였고, 많은 사람들이 해내지 못할 것이라고 고개 저을 때도 미래를 예측하고 도전하여 값진 성취를 이루기도 하였다.

어찌 보면 내 인생의 성공전략은 간단명료하다.

이미 일어난 일은 바꿀 수 없지만, 앞으로 일어날 일은 자신이 어떻게 하느냐에 따라 얼마든지 바꿀 수 있다는 것이다.

성공이라는 못을 박으려면 끈질김이라는 망치가 필요하듯, 성공할 때까지 계속 노력하다 보면 분명 어떤 식으로든 성공과 만날 수 있다.

물론 현재의 칸나를 이룬 것도 현재의 나를 이룬 것도 절대

나 혼자만의 힘이 아니었다.

회사가 어려움에 빠졌을 때마다 나를 믿고 따라준 직원들과 거래처 사람들이 있었고, 언제나 바로 곁에서 굳건하게 나를 응원해 준 가족이 있었기에 가능한 일이었다.

그들이 있었기에 오늘의 내가 있는 것이고, 오늘의 칸나가 있는 것이다. 그들에게 마음 깊이 감사함을 전한다.

글을 쓰는 내내 느낀 것이 한 가지 있다.

마치 내 인생은 거친 황무지에서 비바람을 이겨내고 올곧게 서 있는 한 그루의 나무 같았다.

어려운 환경 속에서도 씨를 뿌려 싹을 틔워냈고, 고난 속에서도 물을 주어 꽃을 피워냈다.

그리고 이제는 그 열매를 나눌 차례였다.

작은 열매라도 나누면 커진다. 받는 것보다 주는 것이 많아지면 더 풍성한 삶을 살 수 있다. 나는 하루하루 열심히 노력하여 얻은 값진 열매를 다른 이들과 함께 나누는 인생이야말로 가장 멋진 인생이라고 믿는다.

끝으로 글이 잘 써지지 않아 포기하고 싶을 때마다 나를 격려해 주고 도와준 아내에게 한 번 더 고마움을 전한다. 아내의 도움과 격려가 없었다면 이 책은 세상에 나오기 힘들었을 것이다.

그리고 특별히 어려운 현실 속에서도 꿈을 포기하지 않고 내일을 향해 씩씩하게 나아가고 있는 청년들, 극심한 경쟁 속에서도 우리나라 경제발전을 위해 부단히 애쓰고 있는 중소기업 경영인들, 어떤 상황에서든 묵묵히 자신의 책임과 의무를 다하는 이 땅의 평범하지만 강한 이들에게 이 책을 드린다.

2021년 가을

이상배